SPRICH MIT MIR!

Tipps, Ideen, Informationen und viele Spiele zur Förderung der Sprachentwicklung

SPRICH MIT MIR!

Mehr Zeit für Kinder

BARMER
Deutschlands größte Krankenkasse

dbl Deutscher Bundesverband für Logopädie e.V.

bvkj.
Berufsverband der Kinder- und Jugendärzte e.V.

Tipps, Ideen, Informationen und viele Spiele zur Förderung der Sprachentwicklung

Inhalt

Liebe ______________________________

Lieber ______________________________

bitte Vornamen eintragen

Dieses Buch ist für dich, aber auch für deine Eltern, Großeltern, Lehrer und überhaupt alle Erwachsenen, die gerne Zeit mit Kindern verbringen. Was dich wahrscheinlich nicht so interessiert, ist in kleiner Schrift gedruckt, wie der andere Text auf dieser Seite. Alle Spiele, die wir uns für dich ausgedacht haben, sind in so großen Buchstaben beschrieben wie diese Sätze, die du gerade liest oder dir vorlesen lässt.
Wenn da einmal steht „Du kannst das mit deinen Freundinnen spielen“ oder ein anderes Mal: „Probier das doch mit deinen Freunden“, dann meinen wir damit immer Mädchen und Jungen. Wenn du also ein Mädchen bist, kannst du natürlich die Spiele, bei denen „Freunde“ steht, genauso spielen wie ein Junge die Spiele, bei denen „Freundinnen“ steht.
Manche Erwachsene haben übrigens vergessen, dass sie selbst auch erst sprechen lernen mussten, als sie noch klein waren. Deshalb sei nicht traurig, wenn du schwierige Wörter nicht immer richtig aussprechen kannst. Die Großen wissen längst auch nicht alles, selbst wenn sie gerne so tun. Das kannst du ganz leicht beweisen. Frag doch einmal einen Erwachsenen, wie es richtig heißt: „der große Zeh“ oder „die große Zehe“? Oder frag, wie die Mehrzahl von „Ananas“ heißt. Für dich haben wir die Lösung am Rand aufgeschrieben. Aber – pssst! – nicht verraten!
Jetzt aber viel Spaß beim Spielen und Raten!

Lösung: „Die große Zehe“ und „Ananas“

Liebe Erwachsene,

vier, maximal fünf Jahre brauchen Kinder normalerweise, um richtig sprechen zu können. Das ist natürlich längst nicht alles, was sie in dieser Zeit an Fähigkeiten und Fertigkeiten erwerben. Sie lernen, sich zu bewegen, zu krabbeln, zu greifen, zu laufen, mit Messer und Gabel zu essen, die Zähne zu putzen, sich auf die Eltern zu verlassen und vieles andere mehr, um sich in der Welt der Erwachsenen zurechtzufinden.

Fünf Jahre sind eine lange Zeit. Aber an der rasanten Entwicklung Ihrer Kinder merken Sie, wie schnell sie vorübergehen. Besonders wenn Sie sich vornehmen, ihnen möglicht viel elementare Dinge beizubringen, die sie für ihr weiteres Leben brauchen. Sie können gar nicht alles umfassend erklären und fördern, was für sie wichtig wäre.

Trotz wissenschaftlicher Untersuchungen und Theorien: Noch immer grenzt es an ein Wunder, welche riesengroßen Fortschritte Kinder in den ersten Lebensjahren machen – obwohl niemand sein Kind in allen Entwicklungsbereichen optimal fördern kann. Es gibt nun einmal keine perfekten Eltern. Mutter und Vater sind eben „auch nur Menschen“ und haben nicht immer die nötige Zeit und Geduld.

Wenn wir Sie mit diesem Buch ermuntern möchten, möglichst viel Zeit auf das Miteinander mit Ihren Kindern zu verwenden, mit ihnen zu spielen und dabei „in Sprache zu baden“, hat dies auch den bedenklichen Hintergrund, dass eine nicht unerhebliche Zahl an Kindern im Vorschulalter eine verzögerte Sprachentwicklung aufweist. Dass dieser Trend seit 1997 – dem Jahr der Erstauflage dieses Buches – ungebrochen ist, hat uns ebenso zu einer überarbeiteten Neuauflage motiviert wie die weiterhin sehr hohe Nachfrage nach dem Ratgeber.

Wir haben erneut Experten zum Thema befragt und Literatur für Sie gesichtet. Von Familien für Familien – diesem Prinzip aller „Mehr Zeit für Kinder“- Bücher folgend, starteten wir vor der Erstauflage gemeinsam mit der BARMER einen Aufruf an deren Mitglieder, uns ihre Erfahrungen und Ratschläge mitzuteilen. Eine Auswahl an Zuschriften finden Sie auch in der neuen Auflage abgedruckt. Herausgekommen ist dieses – wie wir meinen – einzigartige Buch für Kinder und Erwachsene.

Ob mit einer Übersicht, wie beim Kind die normale Sprachentwicklung verläuft, ob in den Zehn Goldenen Regeln zur Kommunikation oder in Beiträgen und Interviews mit Fachleuten: In diesem Ratgeber finden Sie eine Vielzahl an Informationen zur Sprachentwicklung von Kindern, angereichert um Adressen, Literaturtipps und anderes mehr.

Das Buch wäre aber nicht Marke „Mehr Zeit für Kinder“, wenn nicht sprachfördernde Spieletipps breiten Raum einnehmen würden. Sprachspiele zu allen Gelegenheiten für ein, zwei oder ganz viele Kinder, für kleine und größere, Bewegungs- oder eher ruhige Spiele, für drinnen und draußen, beim Essen, beim Malen, beim Reisen und und und.

Sagen Sie jetzt bitte nicht: „Dazu habe ich keine Zeit!“ Sprache lernt man nun einmal durch Sprechen. Und genau hierfür können Sie Ihrem Kind immer und immer wieder lustvolle spielerische Anreize bieten. Sollte Sie unser Ratgeber in dieser Hinsicht inspirieren, hätte das Buch seinen Zweck erfüllt.

Unser Dank gilt all denen, die mit großem Engagement und hoher fachlicher Kompetenz die überarbeitete Neuauflage dieses Ratgebers ermöglicht haben. Und nicht zuletzt dem Ravensburger Spieleverlag, dessen redaktionelle Mitarbeit zur Finanzierung des Buches beigetragen hat.

Nur wenn Kinder mit genügend Worten „gefüttert“ werden, lernen sie sprechen. Deshalb: Spielen Sie mit, sprechen Sie mit Ihren Kindern!
Das wünschen sich

Ihr Deutscher Bundesverband für Logopädie

Ihr Berufsverband der Kinder- und Jugendärzte

Ihre BARMER

und

Ihr Mehr Zeit für Kinder e.V.

Impressum

Herausgeber: Mehr Zeit für Kinder e.V.
Fellnerstraße 12
60322 Frankfurt am Main
Tel. (069) 15 68 96-0
info@mzfk.de
www.mzfk.de
Geschäftsführerin: Simone Linden

Mitherausgeber: Deutscher Bundesverband für Logopädie (dbl)
Augustinusstraße 11a
50226 Frechen
Tel. (02234) 69 11 53
info@dbl-ev.de
www.dbl-ev.de

BVKJ-Berufsverband der Kinder- und Jugendärzte
Mielenforster Straße 2
51069 Köln
Tel. (0221) 68 90 90
bvkj.buero@uminfo.de
www.kinderaerzte-im-netz.de

BARMER Ersatzkasse
Abteilung Kommunikation und Vertrieb
Lichtscheider Straße 89-95
42285 Wuppertal
Tel. (0185) 00 99 18 02
info@barmer.de
www.barmer.de

Redaktion und Projektleitung: Klaus Conrad

Fachliche Beratung: Patrick Hansen

Text: Susann Buchholz, Klaus Conrad, Kerstin Gemballa, Ellen König, Andreas Liegerer, Silke Möller, Heike Pinne, Peter Schneider, Figen Schultz-Ünsal Joachim Schwalbach

Layout und Illustration: Tobias Borries

Grafische Mitarbeit: Ullrich Schaab

Druck: Proost NV, Turnhout, Belgien

ISBN 3-00-014598-2

Guck mal, wer da spricht

Wie Sprache entsteht

Sprechenlernen ist für Kinder und Eltern eine faszinierende Erfahrung. Vom ersten Schrei bis zum ersten vollständigen Satz vergehen Jahre voller unglaublicher Fortschritte.

„Ball!" Da war es! „Ball!" Eindeutig. Unverwechselbar. Kein „dada", kein „dede", kein „eeh". Nein, „Ball" hat der kleine Julian gesagt und auf den runden roten Gegenstand gezeigt, der in der Ecke liegt. „Julian hat heute sein erstes Wort gesprochen. Es heißt Ball", werden die Eltern am Abend stolz im Tagebuch festhalten. Julian ist elf Monate alt und hat einen großen Schritt in seiner Sprachentwicklung getan. Dieser Schritt war allerdings keineswegs der erste. Sprachentwicklung beginnt viel früher.
Bereits im Mutterleib trainiert ein Baby wichtige Teile, die es später zum Sprechen braucht: Lippen, Zunge und Gaumen sind im Einsatz, wenn es zufrieden am Daumen lutscht und Fruchtwasser schluckt. Auch sein Gehör wird schon geschult, wenn es ab dem fünften Schwangerschaftsmonat auf die Stimmen und Geräusche „draußen" achtet.

Der erste Schrei

Ein wahrer Meilenstein auf dem faszinierenden Weg „Sprechenlernen" ist bald darauf die Geburt. Dann nämlich, wenn sich die Atmung umstellt und das Baby den ersten, heiß ersehnten Schrei tut, ist für den kleinen Menschen der Grundstein gelegt, mit seiner Umwelt Kontakt aufzunehmen. Schreien bleibt in den ersten Lebenswochen die einzige Möglichkeit für das Baby, den Menschen in seiner Umgebung etwas über seine Gefühle und Bedürfnisse mitzuteilen.
Schon nach kurzer Zeit erkennen die engsten Bezugspersonen sehr wohl, was die Kinder sagen. Ob Laura Hunger hat, ob Julian der Bauch weh tut oder Micki einfach nur ein wenig geschaukelt werden will. Denn Schreien ist nicht gleich Schreien.
Ab dem ersten Lebensmonat kann ein Baby seine Laute variieren.
Die Erwachsenen reagieren darauf – mit beruhigenden Worten, mal mit Lächeln, mal mit dem Singen von Liedern. Und das Baby wiederum „antwortet". Es lächelt, brabbelt, zeigt, dass es sich freut – oder dass die gut gemeinte Reaktion leider sein Bedürfnis überhaupt nicht gestillt hat.
Was hier zwischen Säugling und Erwachsenen geschieht, ist bereits ein erster kleiner Dialog.

Frage:
Soll ich mein Kind schreien lassen? Mein Sohn Lars ist jetzt neun Monate alt. Im Grunde ist er ein sehr zufriedenes Kind. Nur am Spätnachmittag und nachts schreit er manchmal sehr viel. Seine Oma meint, ich solle ihn schreien lassen. Das kräftige die Stimmbänder und die Lungen. Er bekäme so später einmal eine schöne Stimme. Mir ist aber nicht ganz wohl dabei. Wer hat Recht?
Michaela P., Siegburg

Antwort:
Der Säuglingsschrei ist eine angeborene Reaktion und völlig normal. Er bedeutet für das Baby die einzige Möglichkeit, auf sich aufmerksam zu machen – um seine Bezugspersonen zu rufen, um ihnen „mitzuteilen“, dass es Blähungen oder Hunger hat – Schreien ist die erste Form der Sprache. Die weit verbreitete Meinung, man müsse Kinder schreien lassen, bis sie sich selbst wieder beruhigen, ist nach neuesten Untersuchungen insbesondere für die ersten drei Lebensmonate nicht mehr haltbar. Wer dagegen auf das „Rufen“ prompt reagiert, wird vermutlich erleben, dass sein Kind in der Folgezeit weniger schreit. Kinder, die weniger schreien, haben keineswegs schwächere Stimmbänder. Sie fühlen sich aber wahrscheinlich wesentlich sicherer und besser verstanden als andere Kinder, entwickeln mehr Vertrauen. Studien haben sogar gezeigt, dass feinfühliges Reagieren auf das Schreien beste Voraussetzungen bietet, dass Kinder später erfolgreich und lebendig kommunizieren.

Von dada bis mama

Schon mit zwei Monaten beginnt das Baby mit einer neuen Form des Sprechens: Es lallt. So wie es sich beim Strampeln mit seinen Armen und Beinen vertraut macht, so probiert es durch Lallen seine Sprechwerkzeuge aus. Die braucht es nämlich, wenn es irgendwann einmal „richtig“ sprechen wird. Zentrales Nervensystem, Atmung, Kehlkopf, Rachenraum, Kiefer, Zungen und Lippen sind beteiligt, egal, ob ein Kind „dada“ oder „Dampfschifffahrt“ sagt. Mehrere Zentren im Gehirn und über einhundert Muskeln müssen aktiviert werden, damit das herauskommt, was man gemeinhin Sprechen nennt.
Einige Wochen später, etwa ab dem sechsten Monat ist der kleine Erdenbürger richtig fasziniert von dem, was er täglich an Tönen produziert. Und es macht ihm Spaß, diese Laute zu wiederholen. Das Ergebnis präsentiert er beispielsweise mit „dada“ oder „mama“. In dieser so genannten zweiten Lallphase, die im Allgemeinen bis zum neunten Monat dauert, entwickelt das Baby bereits ein erstes Sprachverständnis.

Anders ein Kind wie Sebastian. Er hört plötzlich auf zu lallen und verstummt. Der Grund: Sebastian ist beinahe taub. Er hört deshalb seine eigenen Geräusche nicht und erhält somit auch keinerlei Anregungen, seine Laute zu wiederholen. Hier wird deutlich: Nicht nur die reinen Sprechorgane spielen eine Rolle, auch ein gutes Gehör ist für die Entwicklung der Sprache und des Sprechens ungeheuer wichtig. Denn nur was ein Kind hört, kann es als Laut erfassen und eines Tages auch wiedergeben. Verstehen und sich verständigen kann es trotzdem: Be-greifen und Er-fassen spielt sich eben nicht (nur) auf der Ebene des Hörens ab. Der Fachbegriff heißt Nonverbale Kommunikation.

Grundsätzlich wird jedes Kind mit der Fähigkeit zum Sprechen geboren. Es hat gewissermaßen ein automatisches Programm eingebaut – vergleichbar mit dem Laufenlernen. Was es jedoch damit macht, hängt wesentlich von den äußeren Impulsen ab. Das bedeutet: Jedes Kind ist prinzipiell in der Lage, arabisch, englisch oder deutsch zu sprechen. Es wird letztlich aber die Laute und damit die Sprache lernen, die es in seiner unmittelbaren Umgebung hört. Interessant ist in diesem Zusammenhang, dass bereits bei achtmonatigen Säuglingen Unterschiede in der Lautbildung beobachtet werden können – je nachdem, ob sie beispielsweise auf Spanisch oder Chinesisch lallen.

Man schätzt, dass ein Wort etwa 40-mal gehört werden muss, bis es in den Sprachschatz des Kindes übergeht, bis das Kind begreift, dass das Klangbild „Ball“ für das runde bunte Ding steht.

40-mal Ball

Zunächst erinnert sich das Baby nur an den Klang der Wörter, mit der Zeit lernt es zu „verstehen“. Fragt man es nach einem „Ball“, wird es mit neun Monaten stolz auf den runden Gegenstand zeigen, der durch das Zimmer kugelt. Wiederholungen dieses Spiels machen ihm nicht nur Spaß, es lernt dadurch auch die Verbindung zwischen Hören und Reagieren. Gleichzeitig nimmt nun der Einfluss der Umwelt auf das Kind zu. Wie ein Schwamm saugt der kleine Mensch alles auf, was ihn umgibt. Aus Gestik, Mimik und Tonfall seiner vertrauten Personen lernt es allmählich, den Sinn der Sprache zu erfassen.

Ein krabbelndes Echo

In den letzten Wochen seines ersten Lebensjahres beginnt das Baby zu „sprechen“ – auch wenn das, was da herauskommt, für erwachsene Ohren nicht immer auf Anhieb verständlich ist. Bestimmte Lautkombinationen werden erstmals bestimmten Dingen und Kategorien zugeordnet.
So steht „aka“ vielleicht für „Auto“, aber genauso für alles andere, was vier Räder hat, egal, ob es sich dabei um einen Bus, einen Laster oder einen Traktor handelt. Das Kind plappert allerdings auch wie ein Echo viele Wörter nach, ohne deren Sinn zu verstehen.

Mit 13 bis 15 Monaten begreifen Kinder, dass jedes Ding einen eigenen bestimmten Namen hat. Die Fachleute nennen dies „Symbolbewusstsein“. Nun stehen einzelne Wörter aber auch schon für einen ganzen Satz. Wenn Natalie „Ball“ sagt, kann das heißen: „He, gib mir meinen Ball!“ oder „Ich sehe dort einen Ball“ oder vielleicht noch etwas anderes. Natalie ist gerade in ihrer „Einwortsatz-Phase“. Die dauert etwa bis zum 18. Monat. Mit eineinhalb Jahren spricht Natalie etwa zehn bis 15 Wörter. Mit vier werden es bereits 1.500 sein! Zuvor lernt Natalie, mit der Zeit immer mehr Wörter aneinanderzureihen. Mit zwei Jahren ist sie in ihrer „Zweiwortsatz-Phase“. „Lade dut“, sagt sie, wenn sie zum Ausdruck bringen will, dass ihr die Schokolade gut schmeckt. Bald darauf kann sie bereits drei Wörter miteinander verbinden: Sie wird „Papa Auto adda“ äußern und zweifelsfrei meinen: „Papa ist mit dem Auto weggefahren.“

„Warum Max nicht Ballspielen?“

Die Wörter zu lernen ist das eine. Mindestens ebenso schwierig ist es, die richtigen grammatischen Regeln zu lernen und anzuwenden. Woher soll Max wissen, dass es korrekterweise heißt: „Max spielt Ball“ und nicht: „Max Ball spielen“? Max muss dafür zwei verschiedene Regeln lernen. Einmal muss er lernen, das Verb „spielen“ richtig zu bilden, d. h. die unterschiedlichen Endungen müssen zu den Subjekten des Satzes passen: ich spiele, du spielst, er spielt usw. Außerdem muss Max lernen, dass das konjugierte Verb an der 2. Stelle im Aussagesatz steht: „Max spielt Ball“ und nicht „Max Ball spielt“. Wie bei den Wörtern lernen Kinder die Grammatik am Beispiel ihrer Umwelt, wobei die korrekte Wiederholung einer fehlerhaften Äußerung die Entwicklung optimal unterstützt. Ab dem 4. Lebensjahr beginnen Kinder, grammatikalisch korrekte Sätze zu bilden.

Kein „Bine Ham-Ham“

Im Allgemeinen sind die Eltern das Vorbild, an dem sich Kinder orientieren. Eigentlich klar, was herauskommt, wenn die Großen ständig nur von „Gag-Gag“ oder „Tuut-Tuut“ sprechen. Wie soll ein Kind dann begreifen, dass das gelbe Tier in der Badewanne eine Ente und das blaue Holzteil eine Lokomotive ist? Es macht durchaus Sinn, die Laute des Babys in den ersten Lebensmonaten nachzuahmen. Es hat Freude, wenn die Mutter oder der Vater sein „bääh“ oder „dada“ wiederholt, und wird dadurch auch animiert, Laute von sich zu geben. Darüber hinaus sollte mit einem Kind aber vor allem normal, deutlich und auch in vollständigen Sätzen gesprochen werden. Nur so hat ein Kind frühzeitig die Chance, richtig sprechen zu lernen.

Es gibt unterschiedliche Standpunkte über die Rolle der Nachahmung beim Sprechenlernen. Sicher ist aber, dass alle Kinder Sprache nachahmen und sich aktiv mit Wörtern und Begriffen auseinandersetzen – unabhängig davon, ob sie den Sinn bereits erfassen. Umso wichtiger ist es, dass Kinder richtige Wörter angeboten bekommen.

So unterstützen Sie die Sprachentwicklung Ihres Kindes

- Sprechen und singen Sie viel mit Ihrem Kind.
- Wählen Sie einfache und kurze Sätze.
- Reden Sie im Alltag ganz normal mit Ihrem Kind.
- Beschreiben Sie häufig, was Sie gerade tun, zum Beispiel „Ich koche dir deine Milch" oder „Ich hole dir deine Schuhe".
- Wenn Ihr Kind etwas sagt, greifen Sie das Wort auf, wiederholen Sie es gegebenenfalls korrekt und stellen Sie es in einen entsprechenden Zusammenhang, zum Beispiel: „Bei...", – „Brei ... möchtest du deinen Brei? Hast du Hunger?" Oder „Ato...", – „Auto ... ja, dort drüben fährt ein großes rotes Auto."
- Sollten Sie ein Wort nicht verstehen, dann bitten Sie Ihr Kind, Ihnen zusätzlich den Gegenstand zu zeigen. Freuen Sie sich mit ihm, wenn die Verständigung wieder einmal geklappt hat.
- Bieten Sie Ihrem Kind mit der Zeit immer neue Begriffe an.
- Beachten Sie den Grundsatz: Sprache fördern statt fordern.
- Seien Sie ein gutes Vorbild, sprechen Sie ruhig und deutlich.
- Ermutigen und loben Sie Ihr Kind, wenn es spricht. Achten Sie dabei besonders auf alles, was Ihr Kind schon richtig sagen kann.

Das sollten Sie besser vermeiden

- Reden Sie nicht in verkürzten Sätzen mit Ihrem Kind: „Lara Hunger? Essen?"
- Benutzen Sie auch keine Babysprache à la „Du-du, ham-ham".
- Verwenden Sie keine Verkleinerungsformen wie „Becherchen", „Schühchen" oder „Näschen". Das sind für Ihr Kind wahre Zungenbrecher, die es beim besten Willen nicht nachsprechen kann.
- Sprechen Sie nicht betont langsam, aber auch nicht so schnell wie ein Maschinengewehr.
- Verschlucken Sie keine Silben, vermeiden Sie es zu nuscheln.
- Wählen Sie keine besonders hohe Tonart.
- Fordern Sie Ihr Kind nicht ständig auf, bestimmte Wörter „richtig" nachzusprechen, das kann es meist einfach noch nicht.
- Werden Sie nicht ungeduldig, unterbrechen Sie Ihr Kind nicht.

Wer statt Stadt Dorf schreibt, sich aber nicht ganz sicher ist, geht auf Nummer Sicher, falls er den Strauß, die Maus und den Floh auf dem Floß im Fluss, der in den See an der See fließt, nummeriert, sobald er – in weiser Voraussicht – in den Küchen kochen soll, wenn ihn das jedenfalls in diesem Fall weiße Hemd nicht hemmt

Aller Anfang ist schwer

Was viele vergessen, wenn es ums Sprechenlernen geht: Auch die Sprechwerkzeuge müssen erst langsam heranreifen. Kleine Kinder sind einfach noch nicht in der Lage, bestimmte Laute und Lautkombinationen korrekt auszusprechen. Sie behelfen sich oft damit, dass sie die schwierigen weglassen oder gegen leichte austauschen, gegen jene, die sie bereits können. Das Ergebnis könnte sein: „Affee“ statt „Kaffee“ oder „Dabel“ statt „Gabel“. Manchmal kommt es auch vor, dass ein Kind zwar einen Laut korrekt beherrscht, ihn in einer bestimmten Kombination jedoch nicht über die Lippen bringt. Wer etwa ein B in „Bus“ und ein L in „Laterne“ korrekt wiedergibt, muss deshalb noch lange nicht die Verbindung der beiden in dem Wort „Blume“ sagen können. Statt dessen heißt es dann „Bume“. Der Fachbegriff für diese Sprachstörung ist Dyslalie (Lautstörung). Jedes Kind macht innerhalb seiner Entwicklung eine solche Phase durch. Es gilt als völlig normal, wenn ein Kind etwa bis zum fünften Lebensjahr gelegentlich stammelt. Danach sollte diese Störung allerdings vorüber sein.

Stolperstein „Grammatik“

Kinder haben vielfältige Probleme, die Regeln der deutschen Grammatik zu erlernen, d. h. sie können am Anfang keine grammatikalisch korrekten Sätze bilden oder die Verben beugen (konjugieren). Da würde es beispielsweise heißen „du trinkt“ oder „ich schlafen“. Auch die Zuordnung des richtigen Geschlechtes zu den Nomen, z. B. die Tür, der Stuhl oder das Haus, ist schwierig. Je mehr das Kind jedoch von seiner Umgebung eine Rückmeldung zum korrekten Gebrauch erhält, je mehr es selbst Sprache ausprobiert, desto schneller kann es die Regeln begreifen und über Imitation die vielen unregelmäßigen Formen des Deutschen lernen.

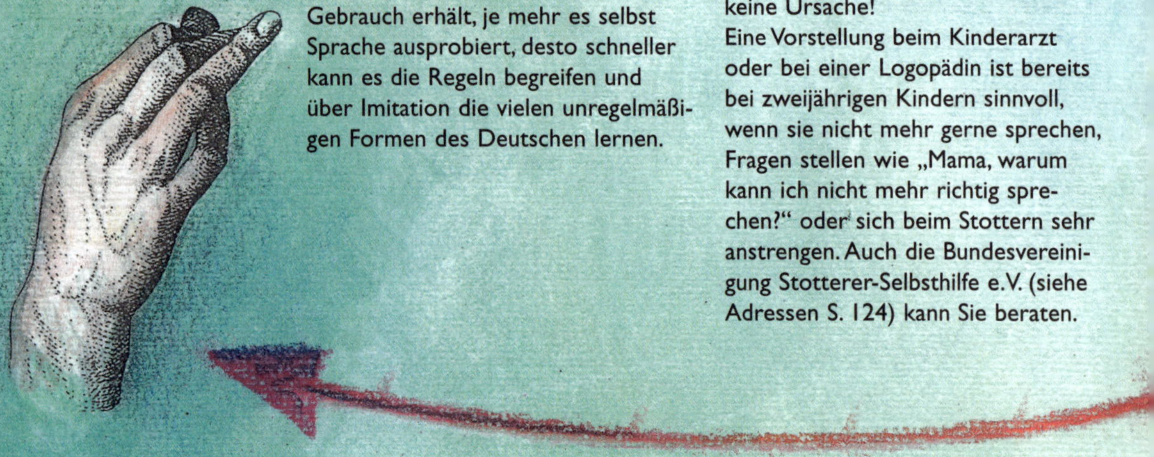

Wenn der Mund nicht mehr gehorcht – Stottern

Bei 5 Prozent aller Kinder tritt Stottern auf, meist im Alter zwischen zwei und sechs Jahren. Ungewollt wiederholen sie Teile von Wörtern (Ba-ba-ball), verlängern Laute (Ffffisch) oder bleiben darin stecken (T...tafel). Viele Kinder versuchen, mit Kraftanstrengung oder einer veränderten Atmung wieder die Kontrolle über ihr Sprechen zu bekommen. So können begleitende Verhaltensweisen entstehen, die das Stottern immer schwerer machen. Sprechängste und das Vermeiden von Sprechsituationen können hinzukommen. Ermahnungen wie „tief Luft holen“ sind schädlich – sie helfen kurzfristig, führen aber zu einem immer auffälligeren Stotterverhalten. Hilfreich ist es, gut zuzuhören und ausreden zu lassen.
Bei 50 – 80 Prozent der Kinder bildet sich das Stottern wieder zurück. Leider kann man nicht vorhersagen, welches Kind das sein wird. Für Stottern typisch ist der Wechsel von „flüssigeren“ und „unflüssigeren“ Tagen und dass in bestimmten Situationen wesentlich flüssiger als in anderen gesprochen werden kann.
Man nimmt an, dass zur Entstehung von Stottern verschiedene Faktoren zusammentreffen müssen, wobei die Vererbung häufig eine Rolle spielt. Klar ist auch: Das Elternverhalten ist keine Ursache!
Eine Vorstellung beim Kinderarzt oder bei einer Logopädin ist bereits bei zweijährigen Kindern sinnvoll, wenn sie nicht mehr gerne sprechen, Fragen stellen wie „Mama, warum kann ich nicht mehr richtig sprechen?“ oder sich beim Stottern sehr anstrengen. Auch die Bundesvereinigung Stotterer-Selbsthilfe e.V. (siehe Adressen S. 124) kann Sie beraten.

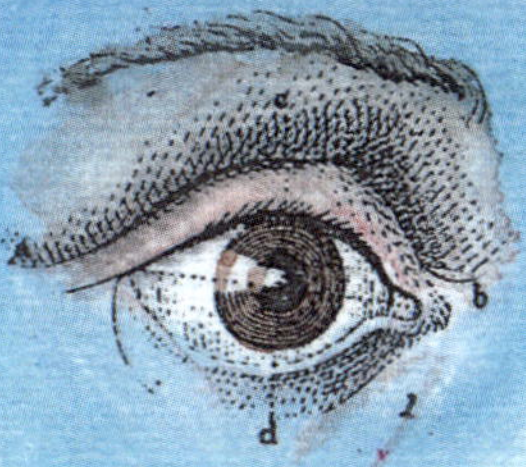

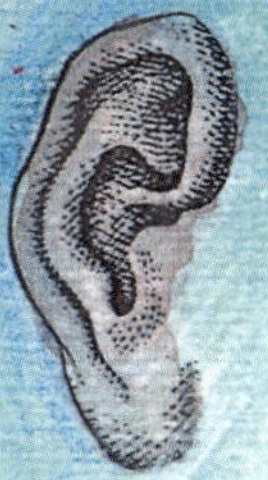

Sprechspaß im Alltag

Die geschilderten Spracherwerbsauffälligkeiten verschwinden bei den meisten Kindern ganz von alleine. Und dies umso mehr, wenn Eltern Fehler nicht ständig kritisieren und den Spracherwerb spielerisch fördern. Für jede Alterstufe gibt es vielfältige Anreize, die den Spaß am Sprechen unterstützen, die allgemeine Entwicklung des Kindes und damit auch seine Sprechkompetenz voranbringen. In diesem Zusammenhang können gezielte Anreize für fein- und grobmotorische Aktivitäten hilfreich sein. Auch wenn es bis dato nicht gelungen ist, dies empirisch nachzuweisen, spricht einiges dafür, dass es zwischen Händen und Sprachzentrum im Gehirn so etwas wie einen direkten „Draht“ gibt.

Folgt man dieser Annahme, ließe sich all das, was Kinder in ihrem motorischen Vermögen fördert, gleichzeitig als Training für das Sprachzentrum begreifen. Dies gilt auch für die so genannte Grobmotorik – also Krabbeln, Toben, Springen. Und natürlich braucht ein Kind immer wieder Anregungen zum Sprechen. Nur so wird es seinen Wortschatz ausbauen und seine Vorstellungswelt bereichern können. Möglichkeiten hierfür gibt es viele.

Machen Sie Ihr Kind nicht immer wieder auf eventuelle Sprechfehler aufmerksam. Es könnte so leicht die Lust am Sprechen verlieren. Besser ist es, das Wort korrekt zu wiederholen, also bei „Dabel“ zu reagieren: „Ach so, die Gabel möchtest du haben.“

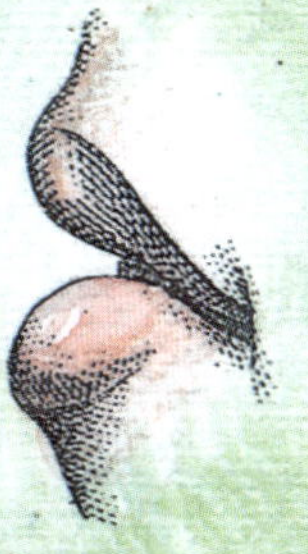

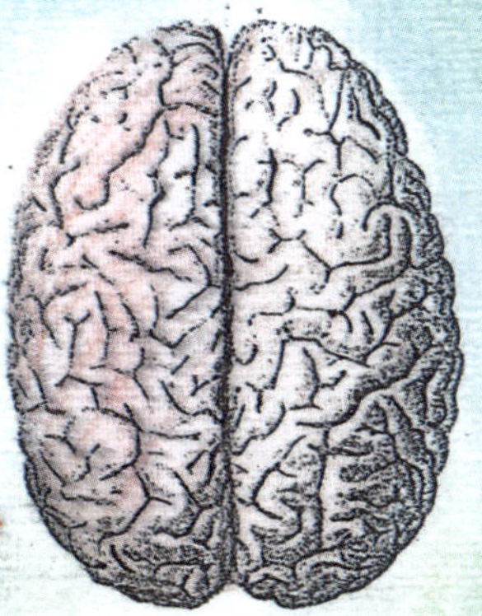

Wenn Kinder mit zwei Sprachen aufwachsen*

Spracherwerb in zweisprachigen Familien

Welche Vorteile hat die mehrsprachige Erziehung?

Mehr als die Hälfte der Weltbevölkerung spricht mehrere Sprachen. Auch in Deutschland leben immer mehr Menschen, deren Muttersprache nicht Deutsch ist. Dies eröffnet Kindern, die hier aufwachsen, zusätzliche Chancen. Das Beherrschen mehrerer Sprachen kann für ihre allgemeine und besonders auch ihre berufliche Entwicklung von Vorteil sein.

Eine Sprache zu lernen braucht Zeit. Ob es für Kinder leicht oder schwer ist, mehrere Sprachen zu lernen, hängt von vielen Faktoren ab. Die meisten Kinder, die zweisprachig aufwachsen, haben mit dem Spracherwerb beider Sprachen keine Schwierigkeiten. Manchmal jedoch können Kinder nicht so leicht zwei Sprachen lernen. Dann stellt sich den Eltern die Frage, wie sie ihr Kind dabei unterstützen können.

Kinder lernen mit einer zweiten Sprache auch eine zweite Kultur kennen. Unterstützen Sie deshalb als zweisprachige Familie unbedingt beide Sprachen, damit nicht ein wichtiger Teil der Herkunft Ihrer Familie verloren geht.

Welche Sprache soll das Kind sprechen?

- Wichtig ist, dass es in zweisprachigen Familien klare Regeln für den Umgang mit den verschiedenen Sprachen gibt. Diese Regeln müssen für das Kind deutlich erkennbar sein.
- Ihr Kind hat die Möglichkeit, verschiedene Sprachen gleichzeitig oder nacheinander zu lernen. Für den Spracherwerb ist es wichtig, dass Sie, die Eltern, in Ihrer jeweiligen Muttersprache (Erstsprache) mit dem Kind sprechen, weil Sie diese Sprache wirklich gut beherrschen und sich selbst in dieser Sprache sicher fühlen. Mit dieser Sicherheit fördern Sie nicht nur die Sprache, sondern die gesamte Entwicklung Ihres Kindes.
- Sie müssen sich unbedingt entscheiden, welche Sprache Sie von Anfang an sprechen, weil klare Sprachtrennungsregeln Ihrem Kind den Spracherwerb erleichtern. Sie sollten diese Entscheidung konsequent einhalten.
- Grundsätzlich gilt: Ihr Kind darf entscheiden, in welcher Sprache es spricht. Es wird sich oft für die Sprache entscheiden, die es besser beherrscht.

Wie lernt Ihr Kind diese Sprachen?

- Nehmen Sie sich Zeit für Ihr Kind. Gemeinsame Aktivitäten bieten dem Kind die Gelegenheit, Sprachen lustvoll zu erlernen.
- Sprechen Sie mit Ihrem Kind in Ihrer Muttersprache.
- Verwirren Sie Ihr Kind nicht, indem Sie in einem Gespräch zwischen verschiedenen Sprachen wechseln.

* Dieser Text entspricht dem dbl-Folder „Informationen zum kindlichen Spracherwerb in zweisprachigen Familien", der auf der gleichnamigen Broschüre der Sprachberatungsstelle Berlin-Reinickendorf beruht, ergänzt durch generelle Aussagen zur Zweisprachigkeit aus einem Beitrag von Figen Schultz-Ünsal/Annette V. Fox: Lautspracherwerb bei zweisprachigen Migrantenkindern (Türkisch-Deutsch), in: Forum Logopädie, Heft 3 (Mai 2002), S. 10-15.

- Zu Beginn kommt es möglicherweise bei Ihrem Kind öfter zu Sprachmischungen. Bleiben Sie trotzdem bei Ihrer Sprache.
- Es ist gut, wenn Ihr Kind jeweils eine Sprache mit einer Person verbindet.
- Versuchen Sie selbst eine möglichst positive Einstellung zu allen beteiligten Sprachen zu erreichen, dann fällt es Ihrem Kind leichter, diese Sprachen zu lernen.
- Sprechen Sie mit den anderen Bezugspersonen Ihres Kindes über Ihr Vorhaben der mehrsprachigen Erziehung, damit Sie sich einig sind.
- Ermöglichen Sie Ihrem Kind Kontakte zu Personen, die die weniger geübte Sprache sprechen, um auch diese lebendig zu halten.

Darüber hinaus sollten Eltern, die ihr Kind mehrsprachig erziehen, die Empfehlungen beachten, die für die kindliche Sprachentwicklung im Allgemeinen gelten (vgl. S. 16).

Wann sollten Sie sich beraten lassen?

- Wenn Sie sich Sorgen über die Sprachentwicklung Ihres Kindes machen.
- Wenn Sie unsicher im Umgang mit den Sprachen sind.
- Wenn Ihr Kind sich weigert, mit bekannten Personen zu sprechen.
- Wenn es im Kindergarten oder in der Schule Probleme mit der Sprache gibt.
- Wenn Sie nicht wissen, für welche Sprache Sie sich entscheiden sollen.

An wen können Sie sich wenden ?

- Sprach- und Hörberatungsstellen
- Logopäden
- Erziehungsberatungsstellen
- Interkulturelle Einrichtungen
- Kinderärzte

Was weiß die Wissenschaft über zweisprachig aufwachsende Kinder?

- Neuere Forschungen haben gezeigt, dass zweisprachig (bilingual) aufwachsende Kinder nicht wie zwei Monolinguale in einer Person gesehen werden dürfen. Vielmehr lernen Bilinguale auch verschiedene kulturelle Umgebungen kennen und erwerben dabei unterschiedliche Kompetenzen.
- Einig ist man sich in der Wissenschaft auch, dass Zweisprachigkeit nicht die Ursache von Sprachstörungen ist. Für die Mehrheit der zweisprachig aufwachsenden Menschen stellt ihre Bilingualität kein Problem dar, und sie sind in der Regel in der Lage, mühelos mehr als eine Sprache zu lernen und zu sprechen. Vielmehr deutet einiges darauf hin, dass die Ursachen einer misslingenden oder gefährdeten Zweisprachigkeit eher im gesellschaftlichen, politischen und pädagogischen Bereich zu suchen sind.
- Wichtig ist auch die Erkenntnis, dass Bilingualität keine freiwillige Entscheidung, sondern notwendig und selbstverständlich ist. Sie ist keine Option, die abgewählt werden kann, und die Empfehlung, Bilingualität zu unterdrücken, kommt in der Praxis einem Verbot der Kommunikation mit bestimmten Familienmitgliedern gleich.

Das können Sie tun

Bis zum 4. Monat

- Sprechen Sie mit Ihrem Kind, während Sie es füttern und wickeln.
- Zeigen Sie ihm, dass Sie sich freuen, wenn es Laute macht und somit zu Ihnen „spricht“.
- Gehen Sie mit Ihrem Kind auf dem Arm durch die Wohnung und lassen Sie es die Dinge in seinem Umfeld anschauen, insbesondere Gegenstände, die in Bezug auf Farbe oder Form kontrastreich sind.
- Suchen Sie den Blickkontakt zu Ihrem Kind und sprechen Sie dabei fröhlich mit ihm.
- Bewegen Sie etwa 40 cm vor den Augen Ihres Kindes eine Rassel waagerecht hin und her, Ihr Kind folgt der Rassel mit den Augen.

Im 5. bis 8. Monat

- Rufen Sie Ihr Kind häufig bei seinem Namen.
- Ermuntern Sie es, Gesten nachzuahmen: winken, auf einen Gegenstand klopfen, in die Hände klatschen.
- Machen Sie kleine Bewegungsspiele mit Armen und Beinen – z. B. „Eisenbahnfahren“ – und sprechen Sie dabei mit Ihrem Kind.
- Sagen Sie Ihrem Kind, wie die Dinge heißen, die es intensiv anschaut: „Das ist dein Ball!“, „Das ist eine Lampe.“

Diese Empfehlungen und die dazugehörigen Altersangaben sind selbstverständlich nur Richtwerte. Jeder Mensch, jedes Kind hat seine eigene Geschwindigkeit. Nehmen Sie diese Tipps also bitte nur als Empfehlungen und schauen Sie auf Ihr Kind bzw. hören Sie ihm zu. Sehr schnell merken Sie, was ihm Spaß macht und womit Sie es noch überfordern.

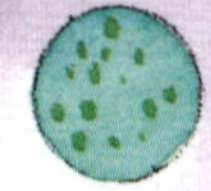

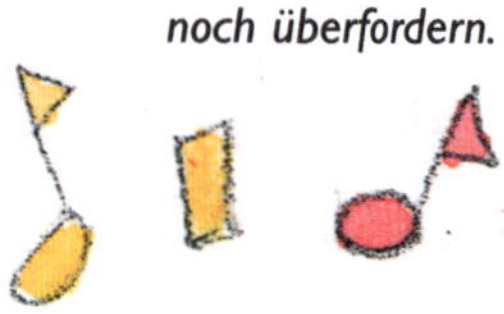

Im 9. bis 12. Monat

- Fragen Sie spielerisch nach schon bekannten Dingen und Personen: „Wo ist der Ball?“, „Wo ist der Papa?“
- Machen Sie Geben-und-Nehmen-Spiele, lassen Sie Ihr Kind Dinge aus Hohlkörpern, zum Beispiel einem Becher, herausholen.
- Sprechen Sie zu Tätigkeiten, die Sie bewusst vorführen – beim Lichteinschalten „an-aus“ oder bei einer Verabschiedung „winke-winke“.
- Schauen Sie sich mit Ihrem Kind erste Bilderbücher mit einfachen einzelnen Abbildungen pro Seite an und erklären Sie, was auf dem Bild zu sehen ist.
- Bitten Sie Ihr Kind, Ihnen etwas zu holen oder zu geben. Legen Sie Gegenstände auch so, dass es sie durch eigene Anstrengung wie Krabbeln und Strecken erreicht.
- Decken Sie vor den Augen Ihres Kindes einen Gegenstand mit einem Tuch zu und lassen Sie es danach suchen.

Im 13. bis 16. Monat

- Betrachten Sie gemeinsam Bilderbücher mit übersichtlich dargestellten, bunten Dingen.
- Zeigen Sie Ihrem Kind, was es mit seinem Spielzeug alles machen kann: Wie ein Auto in eine Schachtel fährt, wie ein Ball rollt, wie man Becher ineinander stecken und übereinander stülpen oder mit Klötzen einen ersten Turm bauen kann.
- Zeigen Sie Ihrem Kind bewusst, dass Sie sich freuen, wenn es etwas „spricht“ und kleine Aufträge erfüllt.

Im 17. bis 20. Monat

- Führen Sie Ihrem Kind auch jetzt vor, was man mit verschiedenen Dingen machen kann. Füllen Sie zum Beispiel Sand in einen Laster oder beladen Sie einen Eisenbahnwagen mit Tieren.
- Schauen Sie sich gemeinsam Bilderbücher an, fragen Sie Ihr Kind nach den abgebildeten Gegenständen.
- Sprechen Sie mit Ihrem Kind über das, was es gerade tut.

Im 21. bis 24. Monat

- Erzählen Sie, was im Bilderbuch geschieht: „Der Junge möchte einen Apfel haben."
  „Die Katze trinkt Milch."
- Sprechen Sie mit Ihrem Kind über vergangene Ereignisse und erinnern Sie sich so gemeinsam daran: „Waren wir heute im Zoo?
  War dort ein großer Elefant?"
- Lassen Sie Ihr Kind kleine Aufträge erfüllen und loben Sie es im Anschluss: „Stell bitte den Teller auf den Tisch! Prima hast du das gemacht!"
- Spricht Ihr Kind Sie an, dann greifen Sie dieses Gesprächsangebot auf und bauen es thematisch aus. Sagt Ihr Kind zum Beispiel beim Betrachten eines Bilderbuches „Due" (für „Kühe"), können Sie antworten: „Ja, da sind Kühe. Die fressen Gras. Und später geben sie Milch. Die trinkst du doch so gern."
- Singen Sie mit Ihrem Kind Lieder, bei denen Bewegung eine Rolle spielt (zum Beispiel Fingerspiele).

Im 25. bis 28. Monat

- Malen Sie mit Ihrem Kind! Besonders geeignet sind Wachsmalkreiden und Fingerfarben.
- Spielen Sie gemeinsame Spiele wie „Einkaufen gehen", „Koffer packen" oder „Kochen" und benennen Sie alle Zutaten.
- Erinnern Sie Ihr Kind an bereits erzählte Geschichten und vergangene Erlebnisse.
- Beschreiben Sie, was in den Bilderbüchern geschehen ist: „Der Junge ist ins Wasser gefallen." „Die Katze ist auf den Baum geklettert."

Im 29. bis 32. Monat

- Wenn Ihr Kind besonders aufmerksam ist, können Sie ihm bestimmte Handlungen nicht nur beschreiben, sondern auch begründen:
  „Wir gehen jetzt nach Hause, weil es schon spät ist."
  „Das Mädchen ist stehen geblieben, weil die Ampel noch rot ist".
- Schauen Sie sich gemeinsam übersichtliche Bildgeschichten an.
- Sprechen Sie mit Ihrem Kind über das, was am Tag geschehen ist: „Bist du heute zur Oma gefahren?"

Im 33. bis 36. Monat

- Spielen Sie kleine Szenen mit Ihrem Kind: „Teddy kauft eine Fahrkarte." „Ein Auto fährt zur Tankstelle".
- Malen Sie viel mit Ihrem Kind.
- Fragen Sie nach Ereignissen in Bilderbüchern.

Sprachbaum

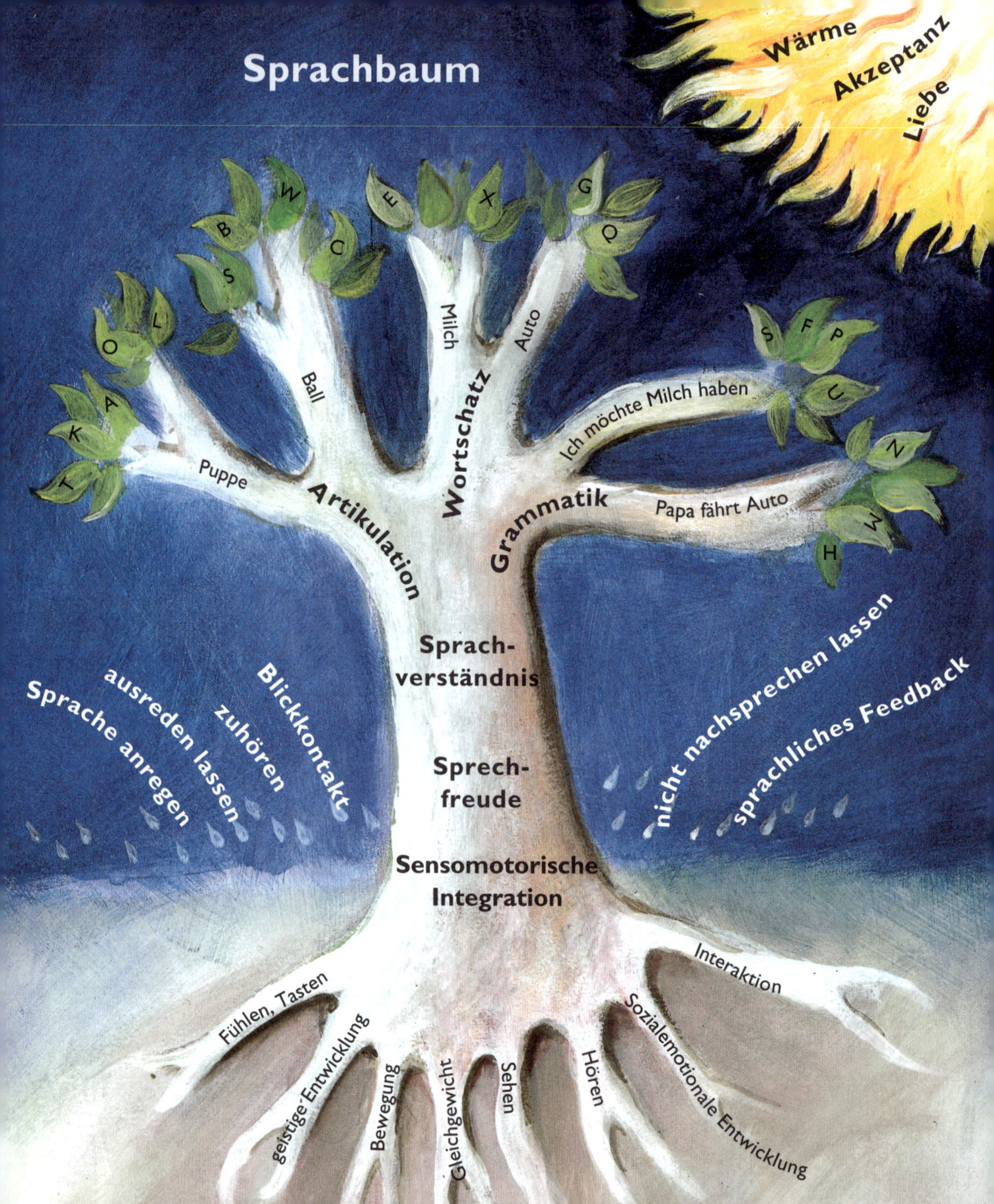

Ein Bild sagt mehr als tausend Worte: Dieser Sprachbaum (nach: Wendlandt, Sprachstörungen im Kindesalter, Georg Thieme Verlag – Stuttgart) stellt symbolisch die vielfältigen Einflüsse, Voraussetzungen und Zusammenhänge dar, damit der Prozess des Sprechenlernens erfolgreich ablaufen kann. Ohne die Sonne wächst kein Baum. Ohne Wärme, Akzeptanz und Liebe lernt kein Kind sprechen.

Nur keine Panik!

Kinder sind keine Maschinen, die nach einem einheitlichen Programm funktionieren. Kinder sind Individuen mit unterschiedlichen Stärken und Schwächen – und verschiedenen Geschwindigkeiten in Bezug auf ihre Fortschritte.

Häufig hören Sie von Freunden oder Freundinnen, dass Ihr Kind im Alter X auf jeden Fall schon dieses oder jenes können müsste. Lassen Sie sich davon nicht beunruhigen. Und setzen Sie sich, aber erst recht nicht Ihr Kind unter Leistungsdruck! Jedes Kind entwickelt sich unterschiedlich schnell. Das ist im wahrsten Sinne des Wortes natürlich und völlig in Ordnung so. Ein Kind ist auch nicht dümmer oder schlechter oder benachteiligt, selbst wenn es erst mit sieben Jahren eingeschult werden sollte. Das Tempo der Entwicklung und die einzelnen Schritte sind von vielen Faktoren abhängig, der Ernährung, den Geschwistern, den Erbanlagen usw. Entscheidend ist und bleibt die Intensität der elterlichen Zuwendung.

Dennoch ist es möglich, aufgrund unzähliger Beobachtungen und Forschungen einzelne Fähigkeiten bestimmten Altersstufen zuzuordnen. Das passiert in den verschiedenen Untersuchungen U 1 bis U 9. Der Kinderarzt weiß, wozu ein Kind wahrscheinlich wann in der Lage sein wird. Natürlich kann das nur ein Anhaltspunkt sein. Vielleicht ist Ihr Kind in einigen Bereichen bereits viel weiter entwickelt als hier angegeben. Oder es hat noch Schwierigkeiten mit Dingen, die es seinem Alter nach bereits beherrschen sollte. Wenn Sie also die Angaben der Entwicklungsstufe Ihres Kindes vergleichen, berücksichtigen Sie bitte, dass Abweichungen von einigen Wochen innerhalb des ersten Lebensjahres bzw. später von einigen Monaten durchaus normal sind.

neun wichtige U's – Ihrem Kind zuliebe

Neun kostenlose Vorsorgeuntersuchungen gibt es für Kinder in den ersten Lebensjahren. Sie dienen dazu, eventuelle Krankheiten und Störungen frühzeitig erkennen und behandeln zu können. Dabei werden die Organe geprüft. Vor allem wird aber getestet, wie sich das Hören und das Sprechen entwickeln. Nutzen Sie diese Vorsorgetermine – im Interesse Ihres Kindes! Informieren Sie sich am besten bei Ihrer BARMER-Geschäftsstelle.

Vorsorgeuntersuchung	Das wird gecheckt:
U 1 – Neugeborenenuntersuchung	Unmittelbar nach der Geburt werden Atmung, Muskeltätigkeit, Herzschlag und Reflexe kontrolliert sowie auf behandlungsbedürftige Missbildungen untersucht.
U 2 – 3. bis 10. Lebenstag	Alle Organe, die Sinnesorgane und Reflexe werden untersucht. Aus der Ferse wird eine Blutprobe entnommen. Sie dient der Früherkennung von eventuellen Stoffwechsel- und Hormonstörungen.
U 3 – 4. bis 6. Lebenswoche	Der Arzt prüft, ob sich die Reflexe, die Motorik, das Gewicht und die Reaktionen altersgemäß entwickeln. Er erkundigt sich, ob das Baby gut trinkt. Er tastet bzw. hört die Organe ab. Außerdem wird eine Untersuchung auf Störungen und Verrenkungen des Hüftgelenks durchgeführt.
U 4 – 3. bis 4. Lebensmonat	Auch bei diesem Vorsorgetermin werden die Körpermaße, Haut, Brust-, Bauch-, Geschlechts- und Sinnesorgane, Motorik und das Nervensystem untersucht.
U 5 – 6. bis 7. Lebensmonat	Wieder geht es darum, ob das Baby gut hören und sehen kann. Darüber hinaus schaut der Arzt nach, ob es sich seinem Alter entsprechend bewegt und hält.
U 6 – 10. bis 12. Lebensmonat	Bei diesem Termin stehen die geistige Entwicklung und die Sinnesorgane im Mittelpunkt. Der Arzt fragt, ob das Kind Doppellaute plappert, auf seinen Namen reagiert und kleine Aufforderungen versteht. Des Weiteren wird geprüft, ob es krabbelt, sitzen oder stehen kann.

U 7 – 21. bis 24. Lebensmonat	Mit einfachen Bildern oder im Gespräch testet der Arzt, wie weit das Kind in seiner sprachlichen Entwicklung ist. Auch die Feinmotorik und die Körperbeherrschung sowie Verhaltensauffälligkeiten werden beobachtet.
U 8 – 43. bis 48. Lebensmonat (zwischen 3 1/2 und 4 Jahren)	Alle Organe, die Bewegungsabläufe und die generelle Entwicklung werden sehr intensiv überprüft. So können noch rechtzeitig vor der Einschulung eventuelle Organerkrankungen, Bewegungsstörungen, Seh- und Hörfehler, Sprachstörungen und Verhaltensauffälligkeiten erkannt und gezielt behandelt werden. Auch eine Harnuntersuchung mittels Teststreifen wird durchgeführt.
U 9 – 60. bis 64. Lebensmonat (zwischen 5 und 5 1/4 Jahren)	Wieder werden alle Organe genau untersucht. Außerdem testet der Arzt das Gehör, die Sehfähigkeit, die Sprachentwicklung und die Bewegung. Auch hier ist das Ziel, eventuelle Krankheiten vor dem Schuleintritt zu heilen, um dem Kind zeit- und nervenraubende Therapien parallel zum Lernen zu ersparen.
Jugendgesundheits-Untersuchung	Bei der Untersuchung zwischen dem vollendeten 13. und 14. Lebensjahr geht es vor allem um die Früherkennung solcher Krankheiten, die die Entwicklung gefährden könnten. Außerdem werden die Teenager auf Themen wie Rauchen und Drogen aber auch ihr Ernährungsverhalten angesprochen.

10 Goldene Regeln für eine gute Kommunikation zwischen Erwachsenen und Kindern

Lernen Sie, „zwischen den Zeilen zu lesen“.

Entwickeln Sie Einfühlungsvermögen für das, was Ihnen Ihr Kind mitteilen will. „Ich will nicht ins Bett“ heißt vielleicht: „Ich möchte lieber bei dir schlafen“, „Ich habe Angst, wieder schlecht zu träumen“ oder auch einfach: „Ich will noch ein bisschen mit dir kuscheln.“

Senden Sie Ich-Botschaften, die das Kind verstehen und nachvollziehen kann.

Wenn Ihr Kind etwas Bestimmtes tun oder lassen soll, sagen Sie nicht einfach: „Du bist böse und laut“, sondern erklären Sie ihm, warum es sich aus Ihrer Sicht in bestimmter Weise verhalten soll – etwa so: „Ich bin müde und habe Kopfschmerzen. Deshalb möchte ich, dass du das Radio leiser stellst.“

Vergleichen Sie die Situation Ihres Kindes gelegentlich mit der eigenen in Bezug auf Vorgesetzte.

Vermeiden Sie unsinnige Befehle, Ermahnungen und Drohungen, Predigen und Moralisieren, Beschuldigen, Beschimpfen, Kränken und besserwisserisches Belehren. Oder wie fühlen Sie sich, wenn Ihnen Ihr Chef oder Ihre Chefin unsinnige Anweisungen erteilt, Ihnen zu Unrecht mit Abmahnung droht oder Ihnen immer wieder rechthaberisch ins Wort fällt?

Suchen Sie die Stärken bei Ihrem Kind und fördern Sie sie ganz gezielt.

Denn Erfolgserlebnisse schaffen Selbstvertrauen.

Erziehen Sie Ihr Kind zur Selbstständigkeit.

Auch das schafft Selbstvertrauen. Ab einem bestimmten Alter möchten Kinder alles Mögliche am liebsten „selber“ machen. Fördern Sie dieses Bemühen – auch wenn mal ein Glas verschüttet wird, ein Löffel Joghurt auf dem T-Shirt landet oder das Anziehen eben ein wenig länger dauert. Nur so kann Ihr Kind weitere wichtige Erfolgserlebnisse sammeln. Wie niederschmetternd klingt dagegen ein ständiges „Dafür bist du noch zu klein!“ oder „Das kannst du noch nicht!“. Geht es allerdings um die Sicherheit Ihres Kindes, können Sie sagen: „Das darfst du, wenn du ein wenig größer bist. Dafür kannst du doch jetzt schon ...“

Übertragen Sie Ihrem Kind kleine Aufgaben und sparen Sie nicht mit Lob.

Mit jeder gelungenen Aufgabe wird sein Selbstwertgefühl wachsen. Aber überfordern Sie es nicht, sonst erreichen Sie schnell das Gegenteil.

Führen Sie Dialoge – keine Monologe.

Versuchen Sie, auf Mitteilungen Ihres Kindes intensiv einzugehen und seine Argumente einzubeziehen. Beobachten Sie einmal Ihr eigenes Sprech- und Gesprächsverhalten. Wie oft führen Sie mit Ihrem Kind tatsächlich einen Dialog – vor allem, wenn's „kompliziert" wird? Oder ist es eher so, dass Sie etwas anordnen, dass Sie Gespräche anfangen und beenden, wenn es Ihnen passt?
Was würden Sie empfinden, wenn jemand zu Ihnen sagt: „Seien Sie jetzt still", „Keine Widerrede", „Das ist doch alles Blödsinn", „Sie haben hier gar nichts zu sagen", „Sie sind dafür viel zu klein / dumm / blöd!"

Lernen Sie Zuhören.

Denn einen Dialog führen bedeutet auch zuhören. Und zuhören heißt, den anderen anzuerkennen, ihn mit seinen Gefühlen, Gedanken, Wünschen und Ängsten ernst zu nehmen. Das kann durch ein Kopfnicken geschehen oder durch die einfache Aufforderung: „Komm, erzähl doch mal!" Wenn Sie sich bewusst an einen Tisch setzen oder zusammen auf der Couch kuscheln, zeigen Sie Ihrem Kind, dass es genügend Zeit bekommt, etwas zu formulieren, auch wenn seine Ausdrucksmöglichkeiten noch eingeschränkt sind. Überlegen Sie einmal: Wie oft hatten Sie schon das Gefühl, bei Ihrer Partnerin oder Ihrer Chefin gegen eine Wand zu reden, weil man Sie nicht verstanden hat oder Ihr Anliegen mit einer unwirschen Handbewegung abgetan hat?

Reden Sie übers Reden.

Ist Ihr Kind alt genug, können Sie mit ihm gelegentlich auch über Ihre Form des Miteinander-Sprechens reden. Warum Gespräche beispielsweise so oft in einer Sackgasse enden, ob Sie sich beide eigentlich richtig verstanden fühlen usw. Vielleicht kann Ihnen eine neutrale dritte Person dabei helfen.

Bleiben Sie Mensch.

Auch Sie sind keine Maschine, die immer Verständnis hat, immer perfekt funktioniert. Sie haben Launen, sind mal müde oder gestresst. Ihr Kind wird dafür Verständnis haben, wenn Sie ihm ehrlich sagen, dass Sie wütend, ärgerlich oder enttäuscht sind. Das ist für Ihre Beziehung besser, als wenn Sie entgegen Ihrer inneren Stimme Aufmerksamkeit heucheln, obwohl Ihnen gar nicht danach ist.
Ihr Kind spürt ohnehin, ob Sie „echt" und ehrlich bei der Sache sind. Halten Sie sich das Bild vor Augen, wenn Ihr erwachsener Gesprächspartner beim Reden ständig auf die Uhr schaut, gelangweilt in der Zeitung blättert oder sonst indirekt kundtut, dass er mit seinen Gedanken ganz woanders ist. Macht da eine Unterhaltung Spaß?

Das kann Ihr Kind

innerhalb der ersten drei Monate

Mit drei Monaten schreit und gurrt Ihr Kind in unterschiedlichen Tonlagen.

innerhalb der ersten sechs Monate

Ein Vierteljahr später macht es bereits erste Laute und wiederholt sie, zum Beispiel „da“ bzw. „dada“ oder „ma“ bzw. „mama“. Außerdem lacht und quietscht Ihr Kind gerne.

innerhalb der ersten neun Monate

Ist Ihr Kind ein dreiviertel Jahr alt, beginnt es, den Sinn des gesprochenen Wortes zu erfassen. Mimik, Gestik und Tonfall der sprechenden Person helfen ihm dabei. Wenn Sie Ihr Kind häufig nach einem bestimmten Gegenstand wie Ball, Puppe oder Uhr fragen, wird es mit der Zeit gezielt auf das entsprechende Ding zeigen. Ihrem Kind macht es Spaß, Geräusche nachzuahmen und Silben miteinander zu verbinden.

mit zwölf Monaten

Mit einem Jahr hält Ihr Kind den Mund zumeist geschlossen und schluckt seinen Speichel herunter. Es sabbert eigentlich nur noch, wenn die Zähne gerade mal wieder auf dem Vormarsch sind. Mit den Lippen und der Zunge kann es bereits einen Löffel abschlecken. Seine Laute werden immer variantenreicher. Jetzt quietscht es vergnügt, gurrt und ahmt die unterschiedlichsten Töne nach.
Die Stimmlage kann es so verändern, dass Sie daraus seine Stimmung ziemlich gut erkennen können. Ihr Kind spricht mindestens schon ein Wort, seine Laute sind zweckbestimmt, es „sagt“, was es will. Zuweilen spricht es aber auch Wörter nach, ohne den Sinn zu erfassen. Kleine Aufforderungen versteht es schon, zum Beispiel „Komm her“.

mit 24 Monaten

Ihr Kind kann jetzt feste Nahrung kauen. Es benutzt alle Vokale, also „a, e, i, o, u", beherrscht die Laute „m, b, p", eventuell auch schon „d, f, l, n, t, w". Es ahmt Tiere nach – von „muuh" bis „wau-wau" – und spricht zwei einfache Wörter nach wie „Mama – Papa" oder „Ball – Bett".
Es bildet auch von sich aus Zwei-Wort-Sätze, zum Beispiel „Ball haben". Ihr Kind versucht, etwas zu erzählen, und stellt schon die ersten Fragen. Die Bezugspersonen in seiner unmittelbaren Umgebung benennt es mit Namen. Fragt man Ihr Kind, wie es heißt, versteht es die Frage und wird entsprechend antworten – auch wenn es den eigenen Namen wahrscheinlich noch nicht korrekt aussprechen kann. Mit eineinhalb Jahren sollte Ihr Kind etwa 50 Wörter aktiv beherrschen (Tipp: Machen Sie doch einmal eine Liste, was Ihr Kind bereits spricht).
Am Ende des zweiten Lebensjahres umfasst der Wortschatz eines Kindes im Allgemeinen rund 250 Wörter.

zwischen zwei und drei Jahren

Nun spricht Ihr Kind schon solche Verben, die im Alltag häufig gebraucht werden, wie „essen", „schlafen", „rufen". Vielleicht lispelt es jetzt noch oder macht so genannte Stammelfehler, indem es dr/gr oder bl/br verwechselt, also „droß" statt „groß" sagt oder „das Haus blennt" statt „das Haus brennt". Das ist in diesem Alter aber durchaus normal und kein Grund zur Beunruhigung. Allerdings sollte es jetzt in der Lage sein, sich in einfachen, grammatikalisch richtigen Mehrwortsätzen zu unterhalten. Es benutzt Eigenschaftswörter wie „schön", „heiß" oder „weich" und gelegentlich auch Artikel wie „der Tisch", „das Bett". Erste Fragen werden gestellt, zwar noch verkürzt, aber doch konkret wie: „Isn das?" oder „Heißt du?" Mit drei Jahren führt Ihr Kind außerdem Selbstgespräche und unterhält sich mit seinen Puppen und Stofftieren. Sein Wortschatz ist in der Zwischenzeit auf rund 800 Wörter angestiegen.

zwischen drei und vier Jahren

Wenn es von sich erzählt, sagt Ihr Kind nicht mehr „Bine" oder „Max", sondern bezeichnet sich selbst mit „ich" und unterscheidet zudem „meins" und „deins". Am Ende des vierten Lebensjahres hat Ihr Kind auch die schwierigen Laute wie „s, sch, r" in seinem Repertoire. Es erzählt schon kleine Geschichten, bildet ab und zu korrekt die Mehrzahl, zum Beispiel „die Tassen", „die Häuser".
Es kann beschreiben, was die Figuren in seinen Bilderbüchern machen. In diesem Alter benutzt Ihr Kind auch schon einmal die Vergangenheitsform, etwa „Ich habe gespielt" oder „Wir sind mit dem Auto gefahren".
Im Alter von vier Jahren hat sich sein Wortschatz gegenüber dem Vorjahr beinahe verdoppelt.
Es spricht nun etwa 1.500 Wörter.

zwischen vier und fünf Jahren

Mit fünf Jahren beherrscht Ihr Kind auch Wörter wie „Schlauch“ oder „Spiegel“, denn jetzt kann es die Lautverbindungen „schl, str, ng, sp, fr“ korrekt aussprechen. Es kann einige Körperteile zeigen, benennen und deren Funktion erklären, zum Beispiel: „Ich höre mit den Ohren.“ Die Sätze werden nun immer länger, Ihr Kind benutzt gelegentlich sogar kurze Nebensätze. Auch hierzu ein Beispiel: „Weißt du, wer das gemalt hat?“ Zudem kann es Farben richtig zuordnen und benennen, wie etwa „rot“, „blau“ oder „gelb“. Das Erlernen der Sprache ist in seinen Grundzügen zu diesem Zeitpunkt abgeschlossen, der Wortschatz umfasst rund 2.000 Wörter.

zwischen fünf und sechs Jahren

Mit sechs Jahren kann Ihr Kind nicht nur ohne Fehler sprechen, sondern auch anderen Begriffe erklären. Wenn es etwas nicht versteht oder ein Wort nicht kennt, fragt es nach, was es bedeutet. Es kann ohne Schwierigkeiten Bilder in Büchern und Zeitschriften beschreiben. Ihr Kind kennt inzwischen rund 2.500 bis 3.000 Wörter. Selbst wenn es nicht alle verwendet, so kennt es doch deren Bedeutung.

Hör doch zu!

zwischen sechs und sieben Jahren

Mit sieben Jahren geht Ihr Kind normalerweise schon in die Schule. Jetzt ist es in der Lage, Oberbegriffe zu finden, zum Beispiel für „Rose, Tulpe, Nelke“ den Begriff „Blumen“. Außerdem kann es Unterschiede herausfinden und erläutern: „Der Hund bellt, der Hahn kräht.“ Soll es aus drei bis fünf Wörtern wie etwa „Auto, fahren, Urlaub“ einen kompletten Satz bilden, so gelingt ihm dies ohne große Mühe. Ihr Kind kann kurze, einfache Geschichten verständlich wiedergeben und darüber hinaus eigene Phantasiegeschichten erfinden und erzählen.

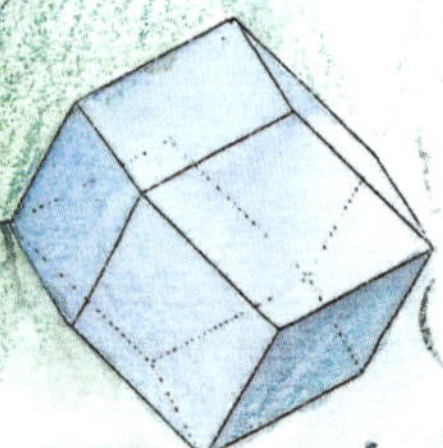

Kann Ihr Kind so sprechen, wie wir es in der Tabelle beschrieben haben? Prima! Durch viele interessante und lustige Spiele können Sie Ihrem Kind helfen, sich in seiner Sprache auch weiter positiv zu entwickeln. Sollte Ihr Kind noch nicht so weit sein wie oben geschildert, besteht jedoch kein Grund zur Panik. Die hier aufgeführten Durchschnittswerte sind Richtlinien, von denen Abweichungen um Wochen oder Monate absolut im Rahmen liegen. Wenn Sie bei Ihrem Sohn oder Ihrer Tochter aber deutliche Verzögerungen in der Sprachentwicklung feststellen, sprechen Sie mit Ihrem Kinderarzt darüber. Er wird Ihr Kind gründlich untersuchen und Ihnen eventuell raten, zu einem Spezialisten zu gehen. Das kann zunächst ein Hals-Nasen-Ohren-Arzt sein oder einer der Fachleute, die Ihnen am Ende des Buches einen Einblick in ihre Arbeit geben. Und natürlich können Sie sich auch in Ihrer BARMER-Geschäftsstelle informieren.

Drei Chinesen mit dem Kontrabass

Sprache lernen
mit Liedern
und Gedichten

Was hat Sprache mit Musik zu tun?

Unsere Sätze haben eine Melodie, die so genannte Satzmelodie. Besonders deutlich wird das bei einer Frage: Am Ende hebt sich die Stimme.
Die Sprache hat außerdem einen bestimmten Rhythmus. Klatschen Sie mit den Kindern zum Beispiel beim eigenen Namen für jede Silbe einmal: Jo - nas, Ka - tha - ri - na. Das empfiehlt auch Frau Eckert aus Lünen.
Melodie und Rhythmus bestimmen die Musik, genau wie die Sprache.
Es kann also nicht überraschen, dass das Sprachempfinden und das Musikempfinden eng zusammenhängen.
Die Sprachentwicklung eines Kindes lässt sich mithilfe der Musik fördern. Umgekehrt vermitteln Sprachspiele, Gedichte, Sprüche und Reime ein besseres Gefühl für Musik.

Der Rhythmus

Die meisten Kinder wiegen sich rhythmisch im Takt der Musik, bevor sie überhaupt laufen können. Kaum stehen sie sicher, unternehmen sie schon erste Tanzversuche.
Genauso hat sich auch das Gefühl für den Rhythmus der Sprache entwickelt, bevor das Kind tatsächlich seine ersten Worte spricht.
Am besten lässt sich der Rhythmus eines Liedes oder eines Gedichtes erfassen, wenn man ihn in Bewegung umsetzt. Beim Klatschen der Namen haben wir das bereits erprobt. Viele Kinderlieder enthalten rhythmische Bewegungselemente. Die klassischen „Kniereiter" wie „Hopp, hopp, hopp, Pferdchen lauf Galopp" oder „Hoppe, hoppe Reiter" – Familie Schäfer aus Berlin „reitet" besonders gern – setzen den Rhythmus beispielsweise in die Bewegung der Knie des Erwachsenen um, der das Kind auf dem Schoß hält.

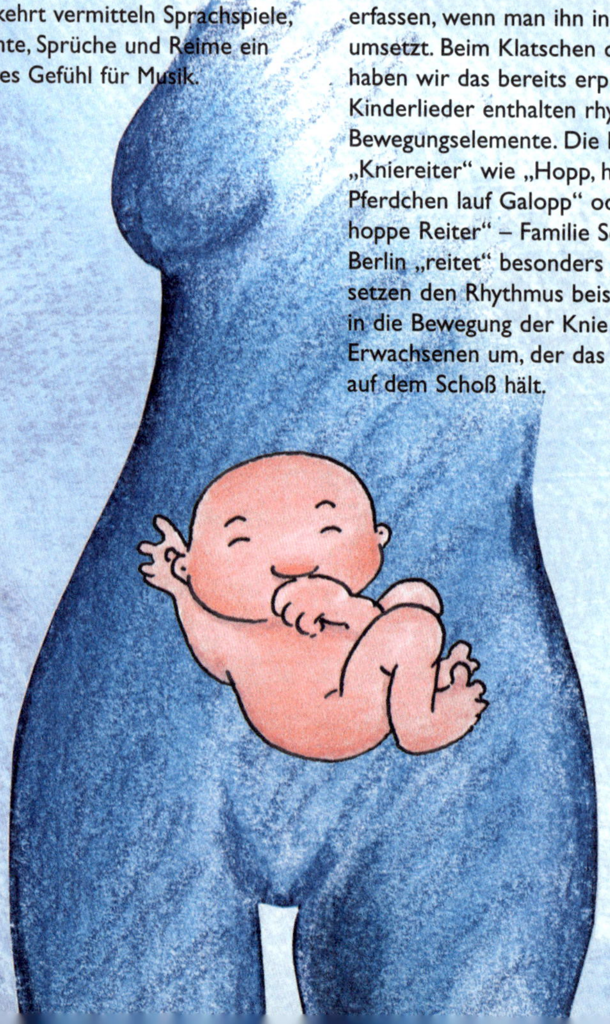

Kinderlieder und Gedichte

Lieder und Gedichte haben im Vergleich zur gesprochenen Sprache einen besonders deutlichen Rhythmus. Dadurch leisten sie einen ganz entscheidenden Beitrag zur Förderung der Sprachentwicklung von Kindern. Hinzu kommt, dass der Text durch die einfache Melodie der Lieder und die Reime am Ende der Gedichte sehr einprägsam ist.

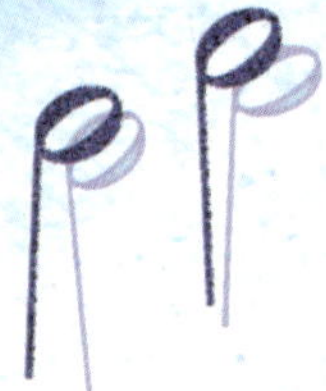

Natürlich kann es nicht Sinn der Sache sein, Kleinkinder zum „Auswendiglernen“ anzuhalten. Nutzen Sie ruhige Momente, um gemeinsam ein bebildertes Buch mit Reimen oder Liedern durchzublättern. Wenn Sie selbst Spaß an der Sprache, an unsinnigen Reimen oder ulkigen Wendungen haben, können Sie die Freude weitergeben – und genau darum geht es: Lieder, Gedichte, Sprüche und Reime sollen dem Kind zeigen, dass der Umgang mit Sprache Spaß macht! Dabei sind alle Abwandlungen erlaubt. Je nach Situation können Sie jeden Spruch oder jedes Lied „umdichten“. Das Kind erfährt: Mit Sprache kann und darf, ja soll man spielen. Dann lassen Sie sich wiederum anstecken von der Freude des Kindes an Wortspielereien. Zum Beispiel wird:

Tipp:

Nehmen Sie sich Zeit, ein geeignetes Buch mit Kinderliedern oder Reimen auszusuchen. Allzu viele „rauschende Wäldchen“, „schattige Haine“ und „laue Lüfte“ sind unserer heutigen Lebenssituation einfach nicht mehr angemessen und verderben leicht den Spaß an der Sache. Besser geeignet sind kurze, freche Sprüche und Lieder in der modernen Alltagssprache.

„Suse, liebe Suse,
was raschelt im Stroh?
Die Gänse gehen barfuß
und haben kein’ Schuh!“

zu:

„Lukas, lieber Lukas,
was schimpfst du denn so?
Die Nudeln sind doch lecker,
nun mecker nicht so!“

Geräusche im Bauch

Die Hörfähigkeit des Menschen beginnt nicht erst mit der Geburt. Schon im Laufe des vierten und fünften Schwangerschaftsmonats lässt sich feststellen, dass Föten auf Geräusche reagieren. Das Ohr ist das einzige Organ, das schon im Mutterleib voll ausgebildet ist! Fast einhellig sind die Forscher inzwischen zu der Überzeugung gelangt, dass das ungeborene Kind neben dem mütterlichen Herzschlag auch Töne wahrnimmt und nach der Geburt wiedererkennt. Das sind die Stimmen der Mutter, des Vaters und anderer enger Bezugspersonen in ihrem Umfeld, aber eben auch Lieder und Melodien.

Ammenmärchen?

Babys reagieren auf die menschliche Stimme mit deutlichen Zeichen von Aufmerksamkeit und Freude. Erfahrene Ammen haben Babys zu allen Zeiten in den Schlaf gesungen. Die dabei typischen Schaukelbewegungen spiegeln zum einen den Rhythmus des Liedes, zum anderen rufen sie im Baby wohlige Erinnerungen an die Schwerelosigkeit im Fruchtwasser hervor.

Tipp:

Singen Sie Ihrem Kind jeden Abend vor dem Einschlafen das gleiche, einfache Lied vor. Wiegen Sie es dabei im Takt der Musik sanft hin und her, bevor Sie es in sein Bett legen. Solche ständig wiederkehrenden Rituale geben dem Kind das Gefühl von Sicherheit und Geborgenheit. Auch die ruhigen, entspannten Momente nach dem Füttern, beim Wickeln oder zur Begrüßung am Morgen eignen sich für kleine musikalische Einlagen.

Die Hände „singen“ mit

Wenn das Kind ab dem vierten oder fünften Lebensmonat immer aufmerksamer und neugieriger wird, können Sie anfangen, die Lieder mit passenden Hand- oder Fingerbewegungen zu begleiten. Sie werden feststellen, dass Ihr Kind bald schon aus lauter Vorfreude zu quietschen und zu lachen beginnt, wenn es auf eine bestimmte Geste wartet.

Wie das Fähnchen auf dem Turme
sich kann drehn bei Wind und Sturme,
so sollen sich deine Händchen drehn,
dass es eine Lust ist, anzusehn!

Deuten Sie passend zum Text mit beiden Händen ein sich drehendes Fähnchen an.

Kinder lernen die Melodien der Lieder, die sie täglich hören, erstaunlich schnell. Lange bevor sie den Text mitsingen können, versuchen sie, die Melodie mitzusummen oder zu lallen. Manche Kinder beginnen damit schon vor dem ersten Geburtstag.

Hörspiele

Kleine „Hörspiele“ können dazu beitragen, die Hörfähigkeit des Babys zu entwickeln.

- Sprechen Sie mit dem Kind leise und sanft in verschiedenen Tonlagen, flüstern Sie in der Nähe seines Ohres oder überraschen Sie es mit lustigen Schnalzlauten.
- Lassen Sie dem Kind bei einem Spaziergang Zeit, die Geräusche der Umgebung wahrzunehmen. Erst nach einer Weile beginnen Sie damit, einzelne Laute – wie etwa das Rattern einer Eisenbahn oder das Klopfen des Spechts – nachzuahmen und die Aufmerksamkeit des Kindes auf dieses spezielle Geräusch zu lenken.
- Zerknüllen Sie ein Blatt Zeitungspapier in der Nähe des Kindes und warten Sie auf die neugierige Reaktion, bevor Sie ihm die Quelle des Geräusches zeigen.

„Der Rhythmus ist die einigende Kraft von Sprache, Musik und Bewegung.“ Dieser Satz steht im Zentrum der elementaren Musik- und Bewegungserziehung von Carl Orff.

Wir verbinden die folgenden Lieder für Kinder von einem Jahr bis zum frühen Schulalter deshalb mit rhythmischen Bewegungen, die zum Text passen.

Das Handwerkerlied
(Volkslied)

- Wer will fleißige Handwerker sehn,
  der muss zu uns Kindern gehn!
  Stein auf Stein, Stein auf Stein,
  das Häuschen wird bald fertig sein!

- Tauchet ein, tauchet ein,
  der Maler streicht die Wände fein!

- Oh wie fein, oh wie fein,
  der Glaser setzt die Scheiben ein!

- Zisch, zisch, zisch, zisch, zisch, zisch,
  der Tischler hobelt glatt den Tisch!

- Stich, stich, stich, stich, stich, stich,
  der Schneider näht ein Kleid für dich!

- Trapp, trapp, drein, trapp, trapp, drein,
  jetzt gehn wir von der Arbeit heim!

In der ersten Strophe stellen die Hände Steine dar, die im Takt der Musik übereinander geschichtet werden, bis das Haus hoch genug ist. Der Reihe nach deuten Sie so alle Tätigkeiten mit den Händen an. In der Schlussstrophe laufen die Finger müde von der Arbeit nach Hause. Sie werden feststellen, dass besonders jüngere Kinder die verschiedenen Tätigkeiten der Handwerker begeistert verfolgen und schon bald nachmachen.

Versuchen Sie auch, den Text von traditionellen Volks- und Kinderliedern je nach Anlass und Laune zu variieren. Das folgende Lied wird zum Beispiel zur Melodie von „Bruder Jakob“ gesungen. Setzen Sie den Namen Ihres Kindes ein, und erfinden Sie immer neue Strophen dazu:

Hallo Tina, kleine Tina!
Schläfst du noch?
Schläfst du noch?
Hörst du nicht die Glocken?
Zeig mal deine Socken!
Bim Bim Bam!
Bim Bim Bam!

Untermalen Sie den Text mit Bewegungen:
„Hallo“ = winken,
„schlafen“ = Kopf zur Seite legen,
„hören“ = Finger ans Ohr legen,
„Socken“ = an den Füßen kitzeln.

Drei Chinesen mit dem Kontrabass

(Volkslied)

Drei Chinesen mit dem Kontrabass
saßen auf der Straße und erzählten sich was.
Da kam die Polizei: „Ei, was ist denn das?“
Drei Chinesen mit dem Kontrabass!

Aus diesem Lied wird ein Riesenspaß, wenn alle Vokale durch einen einzigen ersetzt werden, zum Beispiel:
„Dri Chinisin mit dim Kintribiss ...“
oder
„Dre Chenesen met dem Kentrebess ...“

Auch für Bewegungselemente bleibt genug Raum. Zuerst wird der Kontrabass gestrichen, dann deuten die Hände das fröhliche Geplauder der Chinesen an, schließlich droht der Polizist im Takt der Musik mit dem Zeigefinger.

Die ersten „Instrumente“

Sobald ein Baby gezielt nach Gegenständen greift, können Sie ihm erste „Musikinstrumente“ anbieten. Gedämpfte oder helle Geräusche begrüßt es zunehmend mit freudigem Strampeln oder fröhlichem Glucksen. Besonders beliebt sind deshalb Rasseln in verschiedensten Ausführungen. In viele Stofftiere für Babys sind außerdem kleine Glöckchen eingenäht. Wichtig ist, dass die Kinder, die in diesem Alter noch alles in den Mund nehmen, die Kleinteile nicht abkauen können.

Selbstgemachte „Instrumente“ für Kleinkinder

Etwa zwischen dem ersten und dem zweiten Geburtstag können Sie Ihrem Kind dann auch selbst gebaute Instrumente anbieten.

„Die Blechbüchsen-Armee“

Leere Blechdosen eignen sich wunderbar als Musikinstrumente für Kleinkinder. Füllen Sie jede Dose mit unterschiedlichen Materialien wie Reiskörnern, Linsen, Zucker oder Büroklammern. Sie brauchen nur eine kleine Menge des jeweiligen Füllmaterials. Dann müssen Sie die Dosen gut verschließen. Wenn es keine passenden Deckel mehr gibt, können Sie sie auch aus festem Pappkarton in entsprechender Größe schneiden. Mit buntem Klebeband werden die Deckel dann fest verklebt. Umwickeln Sie mit dem Band auch alle schärferen Kanten, damit sich das Kind nicht verletzt.

Jede Dose wird nun anders scheppern. Man kann sie leichter oder fester schütteln, umdrehen oder mit einem Holzlöffel darauf schlagen – immer entstehen neue Geräusche. Beobachten Sie die Entdeckermiene Ihres Kindes und teilen Sie seine Freude an den neuen, aufregenden Erfahrungen.

Viel Lärm um nichts

Kleine Kinder haben ein ganz anderes Geräuschempfinden als wir. Wählen Sie deshalb einen günstigen Zeitpunkt für ihre gemeinsame „Musikstunde“ aus. Es muss ja nicht gerade die Zeit der Mittagsruhe sein, wenn Sie Ihrem Kind anbieten, nach Lust und Laune zu trommeln, zu rasseln und zu scheppern. Ihr Kind wird von seiner Fähigkeit, immer neue, immer lautere Geräusche zu erzeugen, so begeistert sein, dass die Grenzen zum ohrenbetäubenden Lärm schnell überschritten sind. Lassen Sie Ihr Kind trotzdem eine Weile gewähren! Je älter das Kind wird, desto eher ist es bereit, den Instrumenten auch die zarten, leisen Töne abzugewinnen.

Das „Kamm-Orchester“ für Vor- und Grundschulkinder

Ganz einfach ist es nicht, einem Kamm „Musik“ zu entlocken, aber mit etwas Übung und Geduld geschehen wahre Wunder!
An Materialien wird für jedes Mitglied des „Kamm-Orchesters“ nichts weiter benötigt als ein Plastikkamm mit eng stehenden Zinken und ein Stück Pergamentpapier. Das Papier spannen Sie nun so mit beiden Händen vor den Kamm, dass es oben mit den offenen Zinken abschließt.
Jetzt wird mit leicht geöffneten Lippen eine Melodie auf den Konsonanten „D“ gegen das Papier gesummt (du - du - du). Dabei wird der Luftstrom so lange verändert, bis das Papier mit der Stimme „mitschwingt“. Wer den richtigen Ansatz für die Lippen gefunden hat, wird staunen, wie intensiv die Klänge sind!
Das „Kamm-Blas-Instrument“ funktioniert übrigens nur in Verbindung mit der Stimme. Hauchen und Flüstern können es nicht zum Schwingen und Klingen bringen.

Sprüche, Zungenbrecher und unsinnige Reime sollen Spaß machen und ein richtiges Feuerwerk an Wortspielen entfachen! Lesen Sie die Texte immer wieder gemeinsam durch. Spielen Sie dabei mit der Betonung. Das überlieferte Gedicht von der kleinen Hexe können Sie z. B. wunderbar „leiern“: „Mórgens frúeh um séchse ...“ Jeder Akzent steht für eine besonders starke Betonung der entsprechenden Silbe. Ein anderes Mal legen Sie die ganze Spannung jeder Zeile auf das Reimwort am Ende.

Die kleine Hexe

- Morgens früh um sechse
  kommt die kleine Hexe;

- morgens früh um sieben
  schabt sie gelbe Rüben;

- morgens früh um acht
  wird Kaffee gemacht;

- morgens früh um neune
  geht sie in die Scheune;

- morgens früh um zehne
  holt sie Holz und Späne;

- feuert an um elfe,
  kocht sie bis um zwölfe
  Fröschebein und Krebs und Fisch:
  Hurtig, Kinder, kommt zu Tisch!

Lassen Sie nach einigen Wochen probeweise das Reimwort aus. Je nach Alter und Sprachvermögen kann das Kind den Reim vielleicht schon ergänzen: „Morgens früh um sechse kommt die kleine ...“ – „HEXE!“

Sicher kennen Sie die alten Fingerspiele „Das ist der Daumen – der schüttelt die Pflaumen“ oder „Der ist in den Brunnen gefallen, der hat ihn wieder rausgeholt“. Zu jeder Zeile dieser Sprüche wird ein anderer Finger hochgehalten oder angetippt. Familie Sieben aus Straden schickte uns diesen Tipp.

- Das ist der Daumen,
- der schüttelt die Pflaumen (Zeigefinger)
- der liest sie auf (Mittelfinger)
- der trägt sie nach Haus (Ringfinger)
- und der kleine Schelm
  isst sie alle auf! (Kleiner Finger)

- Der ist in'n Brunnen gefallen (Daumen)
- der hat ihn wieder rausgeholt (Zeigefinger)
- der hat ihn ins Bett gelegt (Mittelfinger)
- der hat ihn zugedeckt (Ringfinger)
- und der kleine Schelm da
  hat ihn wieder aufgeweckt! (Kleiner Finger)

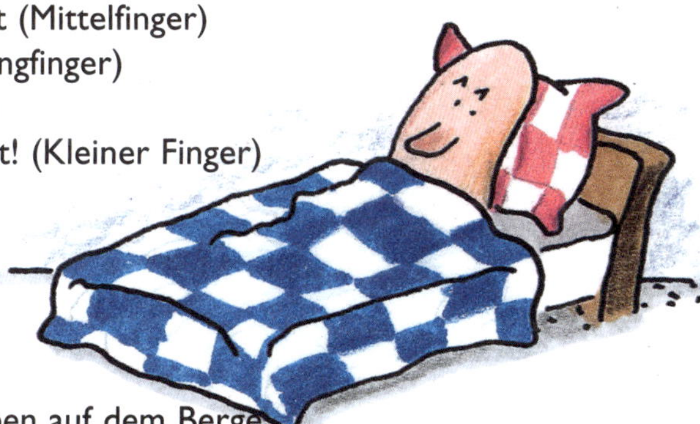

Weniger bekannt ist der lustige „Zwergenstreit“:

- Da droben auf dem Berge,
  da ist der Teufel los!
- Da zanken sich fünf Zwerge
  um einen dicken Kloß.
- Der erste will ihn haben,
- der zweite lässt ihn los,
- der dritte fällt in'n Graben,
- dem vierten platzt die Hos,
- der fünfte schnappt den Kloß
  und isst ihn auf mit Soß!

Zuerst deuten die Hände den Berg an, dann beschreiben sie den „dicken Kloß“. Jetzt wird für jeden Zwerg vom Daumen bis zum kleinen Finger des Kindes ein anderer angetippt.

Bei Familie Wagner aus Bad Homburg wird dieser Spruch liebevoll begleitet. Die Mutter lässt ihre Finger zuerst wie ein Mäuslein auf dem Tisch krabbeln, bildet dann mit den Händen ein Haus, das auf dem Tisch steht, lässt ihre Finger anschließend wie eine Mücke durch die Luft fliegen, baut mit Daumen und Zeigefinger eine Brücke und lässt zum Schluss ihre Finger wie einen Floh hüpfen, der die Tochter dann am Hals kitzelt.

Die meisten Kinder lieben auch die Fingerspiele, bei denen es am Ende „handgreiflich“ wird.

Kommt ein Mäuslein,
baut ein Häuslein,
kommt ein Mücklein,
baut ein Brücklein,
kommt ein Floh,
und der macht – so ...

Kommt ein Wassermännlein
mit dem Wasserkännlein,
geht den Berg rauf,
klopft an:
„Guten Tag, Herr Nasemann!“

Das Wassermännlein wird mit Zeige- und Mittelfinger einer Hand dargestellt. Es läuft den „Berg“ über die Schulter bis zur Stirn hinauf, klopft dort an und schüttelt dem „Nasemann“ kräftig die Hand.

Zungenbrecher

Eine tolle Art, sich spielerisch mit der Sprache zu beschäftigen, sind Zungenbrecher. Viel Konzentration ist erforderlich, um hier nicht über die Laute zu stolpern! Ziel ist es, die Sprüche immer schneller fehlerfrei zu sprechen, schreibt Herr Martens aus Alfter.

Fischers Fritze
fischt frische Fische.
Frische Fische
fischt Fischers Fritze.

Blaukraut bleibt Blaukraut
und Brautkleid bleibt Brautkleid!

Der Kottbusser Postkutscher
putzt den Kottbusser Postkutschkasten.

Zwischen zwei Zwetschgenzweigen
zwitschern zwei Schwalben.

Mal mal wieder!
Ideen, Spiele und Anregungen zum Pinseln

Was hat Malen oder Zeichnen mit der Sprachentwicklung zu tun? Eine ganze Menge, denn bildnerisches Gestalten ist ein wichtiger Schritt in der Entwicklung eines Kindes. Genau wie sich die Sprache immer weiter ausbildet, verändern sich auch die Bilder mit zunehmendem Alter. Malen ist ein Vorgang, der die Feinmotorik sowie das Zusammenspiel von Auge und Hand fördert – und dabei noch Spaß macht. Es lohnt sich jedoch, über die altersgerechte Entwicklung des Malens nachzudenken, damit den Kindern der Spaß nicht durch unerfüllbare Vorstellungen oder gar Kritik der Erwachsenen genommen wird.

Die Sprachentwicklung ist von der gesamten körperlichen Entwicklung nicht zu trennen. Therapeuten machen darauf aufmerksam, dass Kinder mit Sprachentwicklungsstörungen fast immer auch Defizite im motorischen Bereich haben.

Krickelkrakel

Bei den allerersten Malversuchen freut sich das Kind über die sichtbare Spur seiner Handbewegung auf dem Untergrund. Dabei leiden anfangs – wegen des mangelnden Feingefühls – Bleistift, Papier und Untergrund ganz beträchtlich. Bis das Kind gelernt hat, den Druck auf das Schreibgerät zu kontrollieren, sollten Sie am besten Wachsmalblöcke und -birnen einsetzen.

Auch wenn bis zum Alter von etwa drei Jahren für die Augen ihrer Eltern nichts Gegenständliches erkennbar ist – die kleinen Künstler sind sehr stolz auf die Produkte ihrer „Aktionskunst". Mit der ständigen Aufforderung, doch mal etwas „Richtiges" zu malen oder gar unsere Zeichnungen nachzumalen, kommen wir Erwachsenen nicht weiter.
Denn in den ersten Lebensjahren geht es nicht darum, erkennbare (Ab-)Bilder zu schaffen, die allesamt als Kunstwerke in Sammelmappen aufbewahrt werden. Dafür ist auch der Papierverschleiß der kleinen Künstler viel zu hoch. Sinnvoller ist es, aus der Vielzahl der „Krickelkrakel" - Bilder jede Woche eines auszusuchen und aufzuhängen. In erster Linie sollten Sie die Freude des Kindes am Malvorgang selbst unterstützen.
Langsam wird es dabei lernen, seine Bewegungen besser zu kontrollieren.

Tipp:

Fördern Sie ihr Kind in der Krickelperiode, indem Sie ausreichend (Alt-)Papier zur Verfügung stellen. Lassen Sie Ihr Kind mit verschiedenen Materialien experimentieren. Wie malt es sich auf dem Rest einer Tapetenrolle, auf Pappe oder einer Wandtafel? Stellen Sie – je nach Alter des Kindes – ab und zu Finger- oder Wasserfarben zur Verfügung.
Der Zimmerboden wird dafür mit einer Plastikplane abgedeckt, das Kind trägt einen alten Kittel. (Wasserfarben gibt es für Kleinkinder in großen Tiegeln mit dicken Faustpinseln. Die handelsüblichen Farbkästen mit dünnen Pinseln sind erst für Schulkinder sinnvoll.)

Menschen ohne Kopf und Bauch

Mit drei oder vier Jahren nehmen die Bilder des Kindes dann ganz allmählich erkennbare Formen an. Eine neue Periode hat begonnen. Die ersten Figuren sind so genannte „Kopffüßler", Strichmännchen ohne Hals und Bauch also. Strahlenartige Striche am Kopf symbolisieren Haare, Arme, Beine. Für das Kind bedeuten sie vielleicht Bewegung oder Beweglichkeit der Figur. In diesem Alter schweben Häuser, Bäume und Figuren noch frei im Raum.
Ganz von allein folgen den Kopffüßlern im Laufe der Zeit die ersten vollständigen Strichmenschen.
Später stehen sie auf einer waagerechten Linie am unteren Bildrand. Diese Linie verbindet alle Dinge und Lebewesen miteinander und stellt eine feste Ordnung her.

Rhythmisches Malen

Beobachtet man ein malendes Kleinkind, dann fällt besonders die heftige Körperbewegung auf. Da es den Stift noch mit der ganzen Faust umfasst, müssen die Arme kräftig mithelfen, um ihn zu führen. Viele Kinder plappern oder singen dabei und bewegen den Stift ganz ohne Aufforderung rhythmisch hin und her.
Die Freude am Malen lässt sich auch ganz konkret zur Sprachförderung nutzen. Beginnen Sie damit jedoch erst, wenn Ihr Kind mindestens fünf Jahre alt ist und den Stift schon geschickt führen kann. Fordern Sie Ihr Kind zunächst auf, Wellenlinien oder Zacken im Rhythmus eines Gedichtes zu malen. Im Vor- und Grundschulalter können Sie dann die folgenden Malspiele ausprobieren.

Hin und her

Frau Miller aus Ravensburg ist ganz fasziniert, wie einfach sich Sprache und Motorik kombinieren lassen.

Für alle nachfolgenden Spiele brauchen Sie mindestens zwei begeisterte Maler: Der eine malt „vor“ – der andere „nach“.

Hin und her – das ist nicht schwer.
Auf und nieder – immer wieder.
Rundherum – das ist nicht dumm.

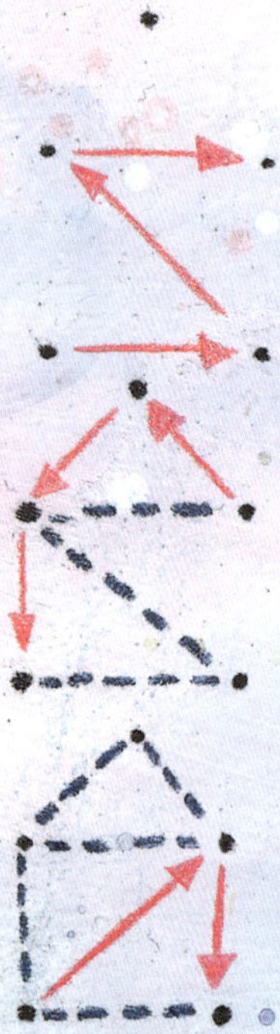

Das Haus vom Nikolaus

Das ist das Haus vom Ni-ko-laus!
1 2 3 4 5 6 7 8

Sprich diesen Satz ganz langsam, jede Silbe betonend. Für jede Silbe zeichnest du eine Linie. Keine darf zweimal gezogen werden!

Tipp: Das Haus vom Ni-ko-laus gelingt immer, wenn du links oder rechts unten anfängst.

Variante 2:
Die gleiche Zeichnung kannst du natürlich auch mit einem anderen Text probieren – zum Beispiel: Das ist der Stall vom Feld-mar-schall!
Oder was fällt dir noch ein?

Das Mondgesicht

Punkt, Punkt, Komma, Strich,
fertig ist das Mondgesicht.

Der Stoffel

Einen Kloß und 'ne Kartoffel,
fertig ist mein lieber Stoffel.

Punkt, Punkt, Komma, Strich,
fertig ist das Mondgesicht.
Gleich zwei kleine Ohren dran,
dass es nun auch hören kann.
Kleine Butter – kugelrund
wie ein Käse – so gesund!
Beide Arme wie 'ne Acht
ist das nicht die wahre Pracht?
Dazu Beine wie 'ne Sechs,
ei, ich glaub, das ist 'ne Hex!

Punkt, Punkt, Komma, Strich,
fertig ist das Mondgesicht.
Ein Paar Ohren, schnell geboren,
einen Hals wie Schmalz,
einen Bauch wie Rauch,
ein Paar Beine wie 'ne Sechs,
fertig ist die Hex!
Mach noch ein paar Henkel dran,
dass man's besser tragen kann.

Spielidee „Das Schweinchen" + „Bärchen": Richard Hambach

Das Schweinchen

- Mit dem Kreis beginnen wir.
  Dick und rund, so steht er hier.

- Vorn ein kleines Viereck dann.
  Hinten Ringelschwänzchen dran.

- Einen kleinen Punkt dazu.
  Nebenan ein großes U.

- Unterm Bauch vier flinke Beinchen.
  Fertig ist das rosa Schweinchen.

Maus und Kätzchen

- Was liegt denn hier auf dem Tisch?
  Das ist ja ein Brot, ganz frisch.
  Eben kam es erst vom Bäcker,
  warm ist's noch und duftet lecker.

- So, jetzt schneidet davon ab
  einen knusperdicken Knapp,
  setzt ihm Aug' und Ohren ein,
  und ein Bärtchen, zart und fein.

- Hinten wächst ein Schwanz heraus.
  Wer fraß nun das Brot?

  – DIE MAUS –

- Warum hat sie das getan?
  Seht, da rollt ein Ring heran.
  In dem Ring ein kleiner zweiter.
  Ohren wachsen. Das wird heiter.

- Schiefe Augen, Nase, Tätzchen.
  Auf der Lauer liegt das Kätzchen.
  Husch, da läuft sie weg, die Maus.
  Achtung! Kinderstunde

  – AUS –!

Elefant aus Afrika

- In den Berg Karfunkelstein
führt ein großer Tunnel rein.
Gleich daneben ist noch einer,
doch der ist ein bisschen kleiner.

- Kleines Auge – großes Ohr,
hinten guckt ein Schwanz hervor;
und schon steht er fertig da –
der Elefant aus Afrika.

Ob der Mann lachen kann?

- Ein Dreieck, ein Kreis
und dann ein Quadrat,
das seitlich zwei lange
Rechtecke hat.
Dann nochmals zwei Rechtecke
ganz unten dran;
nun wollen wir sehen,
ob der Mann lachen kann.

Bärchen

- Ein großer Kreis entsteht im Nu.
Drei klitzekleine gleich dazu.

- Zwei Arme malen wir noch an.
Zwei dicke, runde Beine dann.

- Der Kopf erhält noch ein Gesicht.
Erkennst du nun den kleinen Wicht?

Spielidee „Elefant aus Afrika“ + „Ob der Mann lachen kann?“: Erika Schirmer

Schnellzeichnen zum Geschichtenerfinden

Du kannst mit wenigen Strichen die folgenden Tiere zeichnen. Dabei helfen dir einige Verse, die du aufsagst. Zu jeder Zeichnung fehlt aber noch eine kleine Geschichte. Die denkst du dir selbst aus. Deshalb haben wir das Ende einfach offen gelassen – zum Weiterspinnen.

Ist das ein Ei? Wird das etwa ein Hase?
Ach was, der hat doch keine Brille
auf der Nase!
Er kriegt noch eine Mütze und 'nen Mantel an,
wird das vielleicht ein ...?

Neun runde Kreise male ich,
der zehnte kriegt noch ein Gesicht.

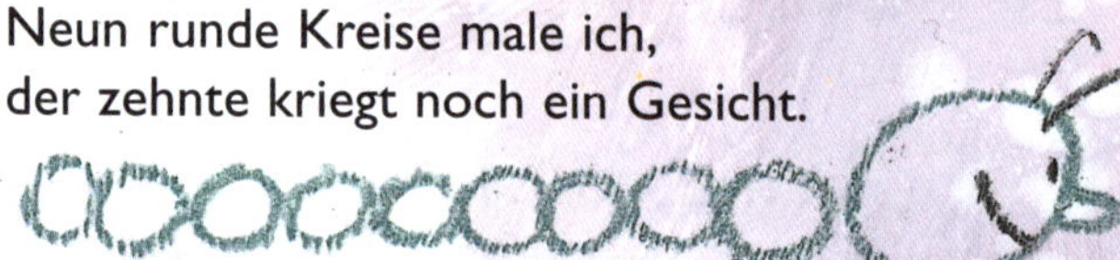

Das ist 'ne Raupe, man kann es sehen,
die will sogleich spazieren gehen.
Damit sie das auch richtig kann,
male ich recht viele Beinchen an.

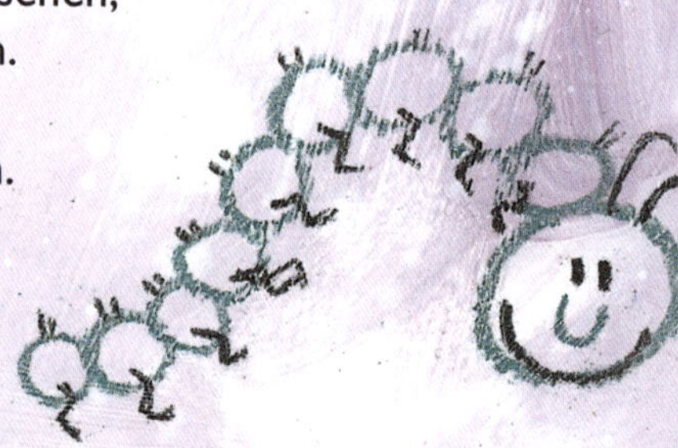

Schon läuft sie weg ...
Wo will sie hin?

Schmetterling & Co.

Du brauchst:
- mehrere weiße Blätter
- Wasser- oder Fingerfarben
- Becher und Pinsel für die Wasserfarben

Du hast vor dir ein wunderschönes weißes Blatt, das du einmal in der Mitte faltest und wieder aufklappst. Jetzt kleckst du mit ein paar Farben – sie müssen richtig feucht sein – ein-, zwei- oder auch dreimal auf die eine Seite. Nun faltest du das Papier zusammen und drückst es flach auf den Tisch. Wenn du es wieder aufklappst, wird es spannend: Was ist darauf entstanden?

Erzählst du mir eine Geschichte? Liest du mir was vor?

Tipps zum gemeinsamen Schmökern

Nicht zuletzt ausgelöst durch die alarmierenden Ergebnisse der so genannten PISA-Studie sind gegenwärtig eine Reihe an Initiativen zu beobachten, die zum Ziel haben, gerade jüngeren Kindern wieder mehr Spaß am Lesen zu vermitteln. Denn ob Vorlesegeschichte oder eigene Lektüre – Lesen kann die Sprachentwicklung von Kindern wirkungsvoll und nachhaltig unterstützen.

Erstklässler, die vor ihrer Einschulung noch kein Buch so richtig in Händen gehalten haben (davon soll es nicht wenige geben), tun sich schwerer, die deutsche Sprache in Wort, Schrift und Artikulation angemessen zu beherrschen. Dabei gehören gerade diese Fähigkeiten zu den elementaren Grundlagen für den erfolgreichen Schulbesuch und weiterführende Qualifikationen. Umso wichtiger ist es, Kinder von klein auf – überspitzt formuliert von Geburt an – mit Büchern vertraut zu machen, in ihnen die Freude am Lesen zu wecken.

In diesem Zusammenhang findet seit einigen Jahren immer häufiger der Begriff „Literacy" Verwendung. Er bezeichnet all das, was Kinder in Zusammenhang mit Literatur und anderen Textarten sowie Geschichtenerzählen, Versreimen etc. erleben. Viele Wissenschaftler verweisen dabei auf die enge Verbindung von kindlichen Literacy-Erlebnissen und Sprachentwicklung.

Literacy-Aktivitäten können mannigfaltiger Natur sein. Beispiele hierfür sind das Einschlaflied, das Babys leichter in den Schlaf finden lässt, und später dann das klassische Zubettgeh-Ritual, wenn der Vater oder die Mutter dem Kind vor dem Einschlafen eine Gute-Nacht-Geschichte vorliest. Oder gemeinsam mit ihm ein Bilderbuch durchblättert und mit ihm über den Inhalt spricht, dazu Fragen stellt und damit das Kind ermuntert, sein Verständnis des Buches zu artikulieren. Aber auch das wachsende Interesse des Kindes, ohne elterlichen Beistand Bilderbücher zur Hand zu nehmen und – in einer Art Rollenspiel – sich selbst vorzulesen.

Ein Kind macht seine Literacy-Erfahrungen auch, indem es mit den Eltern eine Bibliothek oder Buchhandlung besucht oder in Mamas Kriminalroman blättert, indem es versucht, seinen (Vor)Namen zu schreiben, oder erstes Interesse an Zeitungen und Zeitschriften zeigt, indem es (unter Mithilfe der Eltern) seine ersten Urlaubsgrüße per Postkarte versendet oder sich bemüht, Autokennzeichen zu entziffern. Zahlreiche weitere Beispiele ließen sich benennen.

Erlebnisraum Bilderbuch

Bilderbücher sind fraglos besonders geeignet, die Sprachentwicklung und Vorstellungskraft von Kindern, die noch nicht zur Schule gehen, nachhaltig zu fördern. Gerade das gemeinsame Betrachten eines Bilderbuchs schafft eine Situation, die sich durch sprachintensive und körpernahe Zuwendung zum Kind auszeichnet. Der Schwerpunkt des gemeinsamen Tuns besteht aus Sprechen und Zuhören – und dies ob z. B. zurückgezogen im Bett oder auf dem Schoß des Erwachsenen in einer Weise, durch die Störungen und Ablenkungen leichter vermieden werden.

Bei der Bilderbuchbetrachtung werden Bilder interpretiert, wird das Gesehene mit dem Gehörten verknüpft, werden daraus Zusammenhänge hergestellt, im Dialog „versprachlicht“ und zu einer Geschichte verknüpft. Die Betrachter bleiben dabei völlig souverän. Sie können auf einer Seite kurz oder lang verweilen, zurück- oder vorblättern, können sich auf Details oder das ganze Buch konzentrieren und dabei ihrer Phantasie Flügel wachsen lassen. Vorlesetempo, Textvariationen (Sie müssen nicht an der „tatsächlichen“ Geschichte festhalten) sowie Bemerkungen und Fragestellungen des Erwachsenen, die vielleicht auf einen Bezug zur wirklichen Welt abzielen, orientieren sich an der Entwicklungsstufe des Kindes.

Ziel der gemeinsamen Betrachtung eines Bilderbuchs sollte sein, dass der Elternteil sich in seiner Vorlesefunktion immer mehr zurücknimmt und statt dessen das Kind selber zum Geschichtenerzähler wird. Dies fällt besonders dann leicht, wenn man immer wieder das jeweils aktuelle Lieblingsbuch des Kindes zur Hand nimmt und ihm beim Schmökern mehr und mehr „die Regie“ überlässt.

Erzähl mir was, lieber Bär!

Das gemeinsame Betrachten von Bilderbüchern ist eine Form spielerischen Lernens, die Kindern besonders viel Spaß macht. Ein gutes Beispiel hierfür ist das auch von der Zeitschrift Eltern empfohlene Bilderbuch „Erzähl mir was, lieber Bär!". Eine schmusige Handpuppe ergänzt dieses Bilderbuch, das besonders kleineren Kindern große Freude bereitet. Die Geschichten erzählen vom Kuscheln mit Mama, von der kleinen Wolke, den sieben Ferkeln, den zehn kleinen Zappelfritzen und anderem mehr.

In der Hand des Erwachsenen wird die Handpuppe zum lebendigen Geschichtenbären – mit Stimme und Bewegung. Dieses Miteinander fasziniert jedes Kind und animiert zum eigenständigen Spielen und Sprechen.

Auch ältere Kinder mögen es, wenn man ihnen eine Geschichte erzählt oder vorliest. Um das für sie noch ein wenig interessanter zu machen, brechen Sie an einer spannenden Stelle ab und überlassen es dem Kind, sich eine oder mehrere Fortsetzungen auszudenken. Das fördert seine Fähigkeit, zuzuhören und sich zu konzentrieren. Außerdem wird seine Phantasie angeregt. Hier finden Sie ein Beispiel. Natürlich können Sie die Geschichte auch – gerade für die jüngeren – komplett vorlesen.

Drei Räuber mit Schwein

Im Wald lebten drei Räuber: der Wilde Frieder, Rudi Raubart und Pistolen-Paul. Die drei wohnten in einem Räuberhaus. Dort waren die Fenster zerbrochen. Die Tür hing schief. Das Dach hatte Löcher. Der Wilde Frieder sagte: „Richtige Räuber brauchen es nicht gemütlich." Aber etwas zu essen brauchten sie. Einmal raubten sie ein Ferkel, das strampelte und quiekte. Die Bäuerin weinte, aber Rudi Raubart sagte: „Richtige Räuber kennen kein Mitleid."
Zu Hause bauten die Räuber dem Schwein einen hässlichen Stall. „Macht nichts", sagte Pistolen-Paul. „Am Kirmessonntag darf das Ferkel umziehen. In die Bratpfanne." Dann sollte es saftigen Schweinebraten geben. Bis dahin musste das magere Ferkel noch ordentlich fett werden. Deshalb bekam es immer genug Futter. Mit der Zeit gewöhnte das Ferkel sich an die Räuber, an den Stall und an das Futter. Wenn ein Räuber in den Stall kam, grunzte es fröhlich.
Einmal wollte der Wilde Frieder Futter in den Futternapf schütten. Da küsste ihn das Ferkel auf die Nase. Der Wilde Frieder goss sich vor Schreck das Futter in die Stiefel. „Dreimal heulender Wirbelsturm!", fluchte er, „richtige Räuber mögen keine Küsserei!"
Als er sich am Abend zu den anderen setzte, druckste er eine Weile herum: „Wir sollten dem Ferkel Stroh in den Stall schütten!" Rudi Raubart und Pistolen-Paul gröhlten: „Ho, ho, der Wilde Frieder ist plötzlich ein Tierfreund geworden!"
Der Wilde Frieder wurde rot: „Quatsch!", brummte er. „Richtige Räuber sind keine Freunde. Von niemandem. Es ist bloß, weil auf dem harten Boden Ferkels Schwarte kaputt geht. Und die Schwarte ist doch das Beste am Braten."

Was meinst du? Werden die anderen Räuber damit einverstanden sein, dass der Wilde Frieder es dem Ferkel ein bisschen gemütlicher macht? Wie könnte die Geschichte weitergehen? Ob das Ferkel gerettet wird? Oder landet es zum Schluss doch noch als Festbraten in der Pfanne?

„Ja, es ist ein Tier!“

Spiele zur kindlichen Sprachförderung

Regelmäßiges Spielen ist von elementarer Bedeutung für die kindliche Entwicklung. Im Spiel sammeln Kinder grundlegende Erfahrungen, die sie im Alltag nutzen können. Sie lernen kooperativ handeln, kreative Ideen entwickeln, Spannung und Entspannung aushalten, sich konzentrieren, zuhören, mit Sieg und Niederlage umgehen und bestimmte Regeln einhalten. Zudem können Spiele einen wichtigen Beitrag zur Sprachentwicklung von Kindern leisten. Stellvertretend möchten wir in diesem Zusammenhang einige Spiele von Ravensburger vorstellen, die Kindern ab vier Jahre nicht nur jede Menge Spaß bieten, sondern auch ihrer Sprachentwicklung zugute kommen.

ABC Spiel

Schon vor Schulbeginn möchten viele Kinder ihren Namen schreiben und fragen nach der Bedeutung von Schildern und Überschriften. Das ABC Spiel unterstützt Kinder dabei, lesen zu lernen.
A wie Affe, S wie Sonne, aber wo ist das C für den lustigen Clown? Zu jedem Bild gibt es einen passenden Anfangsbuchstaben. Und durch den Puzzleschnitt können nur die richtigen Paare zugeordnet werden.

Auf der Rückseite der Karten ist zu jedem Großbuchstaben der passende Kleinbuchstabe abgebildet. Mit diesem Legespiel lernen Kinder spielerisch sämtliche Buchstaben des Alphabets kennen.

Das ABC Spiel

- hilft Kindern, Buchstaben zu lernen,
- und fördert sie im Hören, Unterscheiden und Aussprechen der Laute.

Koffer packen fördert

- die Konzentration und das Gedächtnis
- die Wortschatzerweiterung
- lässt Kinder zu Wort kommen.

Koffer packen

Koffer packen ist ein Spiele-Klassiker, bei dem die Mitspieler vorgegebene Reiseutensilien im Gedächtnis behalten und benennen müssen. Teddybär, Uhr und Badeanzug – alles, was sie sich merken, wird eingepackt. Doch halt, die Torte gehört nicht in den Koffer. Dafür wühlt die Quatschkarte das Gedächtnis auf: Was ist im eigenen Koffer denn schon drin?

Jede Karte mit einem Rahmen zeigt einen Gegenstand, der in einen Koffer eingepackt werden kann. Die Quatschkarten hingegen bilden Dinge ab, die in einem Koffer nichts zu suchen haben. Oder wer steckt einen Walfisch in sein Reisegepäck?

Rollino

Unter pädagogischem Blickwinkel sind besonders solche Spielwarenprodukte für Kinder geeignet, die verschiedene Fähigkeiten fördern. Ein gutes Beispiel hierfür ist Rollino. Mit allen Spielen der Rollino-Reihe können Kinder ab fünf Jahre auf einfache Weise spielen, lernen und üben. Die kindgerechte Selbstkontrolle macht Spaß und verhilft zu Erfolgserlebnissen. Kinder, die bereits gelernt haben, einfache Texte zu lesen, können auch ohne die Eltern mit Rollino spielen. Aber auch Kindergartenkindern bietet Rollino eine Menge Spaß, wenn ihnen Mama oder Papa die Fragen der Aufgabenseiten vorliest.

Die Rollino-Ausgabe „Buchstaben und Wörter" unterstützt Kinder besonders in ihren Fähigkeiten,

- Buchstaben zu erkennen
- Buchstaben und Wörter zuzuordnen
- Laute richtig zu bilden
- Wortspiele nachzuvollziehen

Sprich genau – hör genau

Dieses oft auch von Logopäden verwendete Legespiel hat Ravensburger speziell für Kinder im Alter von vier bis sieben Jahren entwickelt.
Es unterstützt sie gezielt,

- genau zu sprechen,
- einzelne Laute zu hören,
- Reimwörter zu finden,
- ähnlich klingende Wörter zu unterscheiden,
- Wörter in Silben zu zerlegen
- und ihren Wortschatz zu erweitern.

Diese Fähigkeiten sind wichtige Grundsteine für die Sprachentwicklung und das Lesen- und Schreibenlernen.

Das Spielmaterial besteht aus 48 Karten, die paarweise zusammengehören. Auf der Vorderseite sind Motive abgebildet, auf der Rückseite ist das Schriftbild zu sehen.
Es gibt zwei Gruppen von Karten: die ähnlich klingenden Wörter, mit einer gelben Rückseite. Und die Reimwörter, mit einer grünen Rückseite. In jeder Gruppe gibt es zwölf Wortpaare. Bei den Reimen gibt es zum Beispiel das Wortpaar Pflaumen und Daumen.

Und bei den ähnlich klingenden Wörtern Schiff und Fisch. Wortpaare, die zusammengehören, sind an den Symbolen auf der Rückseite zu erkennen. Die beigefügte Anleitung umfasst zahlreiche Spielalternativen: Diese reichen von einfachen Spielformen bis hin zu Varianten wie „Flüsterspiel", „Reim-Reaktionsspiel" oder „Hör- und Greifspiel".

LogoFix

Das von Schulpsychologen empfohlene Spiel gibt auf vielfältige Weise Lernimpulse – und fördert die Sprachentwicklung. Das Spiel besteht in der Hauptsache aus 50 Spielsteinen, die alltägliche Gegenstände wie z. B. eine Taschenlampe, eine Katze, eine Möhre, ein Fahrrad oder einen Stuhl abbilden. Zu Beginn des Spiels versteckt der Startspieler einen Chip unter einem der Spielsteine. Durch geschickte Fragen (Kann es fliegen? Kann man es essen? Hat man es in der Wohnung?), die vom Startspieler mit „Ja" oder „Nein" beantwortet werden, müssen die Mitspieler herausfinden, unter welchem der Spielsteine der Chip liegt. Und das geht so:

Der Chip liegt unter dem Elefanten. Der Mitspieler, der an der Reihe ist, fragt: „Ist es ein Tier?" Der Startspieler, der den Chip versteckt hat, antwortet: „Ja, es ist ein Tier!" Jetzt werden alle Spielsteine aussortiert, auf denen kein Tier abgebildet ist. Der nächste Mitspieler fragt vielleicht: „Kann man es essen?" Diesmal lautet die Antwort: „Nein, man kann es nicht essen." Jetzt werden alle Spielsteine herausgenommen, auf denen etwas zu sehen ist, was man essen kann.
Nur wer clever fragt und geschickt kombiniert, kann gewinnen. Die leicht verständlichen Regeln bieten altersgerechte Spielmöglichkeiten für die ganze Familie. Auch an eine Spielvariante für Kinder ab 4 Jahre ist gedacht.

Überhaupt lässt sich LogoFix in zahlreichen Variationen spielen. An dieser Stelle seien nur zwei erwähnt:

Wozu-Spiel

Die Spielsteine, mit denen man eine Tätigkeit ausüben kann, liegen offen auf dem Tisch. Der Spielleiter stellt Fragen, die mit dem Wort „wozu" beginnen. Ein Beispiel: Er fragt: „Wozu braucht man eine Tasse?" Alle Kinder suchen schnell nach dem Spielstein mit der Tasse. Das Kind, das ihn zuerst gefunden hat, antwortet: „Zum Trinken!" Oder: „Zum Einschenken!"

Geschichten erfinden

Alle Spielsteine liegen auf dem Tisch. Die Kinder erfinden nun gemeinsam eine Geschichte. Das erste Kind wählt zum Beispiel den Spielstein mit der Schlange und sagt: „Die Schlange wünschte sich schon lange, einmal eine große Reise zu machen." Danach wird der Spielstein mit der Schlange umgedreht. Nun kommt das nächste Kind an die Reihe. Es wählt den Spielstein mit den Inline-Skates und erzählt: „Eigentlich wollte sie mit den Inline-Skates fahren." Es dreht diesen Spielstein um und der dritte Mitspieler ist an der Reihe usw.

LogoFix fördert

- die Sprachentwicklung
- die Kombinationsfähigkeit
- die Konzentrationsfähigkeit

Was passt zusammen?

Dieses Legespiel ist speziell für Kinder im Alter von zweieinhalb bis vier Jahren gedacht. Die großen Karten aus extra dickem Karton und die einfache Spielform eignen sich hervorragend schon für diese Altersgruppe. Was zieht die bunte Lok? Die Gießkanne oder vielleicht den Wagen? Beim Zuordnen der Bildpaare erkennen die Kinder auf spielerische Weise Zusammenhänge, entdecken Vertrautes und lernen neue Dinge kennen. Bei diesem Spiel werden die Kinder angeregt,

- genau zu beobachten,
- Fragen zu stellen
- und natürlich viel zu erzählen.

Abschließend noch zwei Hinweise zum gemeinsamen Spielen in der Familie

Spielregeln sind keine Gesetze

Spielregeln beschreiben, wie sich die Spieler miteinander und zueinander zu verhalten haben. Sie stecken einen Rahmen fest, der für alle gleich ist. Wenn sich alle Mitspieler einig sind, können Regeln – wie bei einigen Varianten zu Ravensburger-Spielen dargelegt – auch verändert werden, zum Beispiel, um dem schwächsten Mitspieler bessere Chancen einzuräumen oder den Spielverlauf zu verkürzen. Wichtig ist einzig, dass alle Mitspieler mit der Regeländerung einverstanden sind. Regeln verändern ist somit konstruktiv. Es setzt voraus, dass alle miteinander reden und eine gemeinsame Lösung finden. Denn Spielen soll natürlich vor allem Spaß machen. Deshalb: Wenn Tränen fließen, weil ein Kind bei einem Spiel arg ins Hintertreffen geraten ist, kann die Zeit reif sein für eine andere Spielvariante.

Verlieren lernen

Kindern fällt es nicht immer leicht, im Spiel zu verlieren. Schuld daran ist natürlich nicht das Spiel, sondern der seelische Zustand des Kindes. Vielleicht ist sein Selbstwertgefühl zu hoch oder zu niedrig? Vielleicht hat es bis dato nicht hinreichend oft erfahren, auch mal einen Wunsch nicht erfüllt zu bekommen? Oder es hat das Gefühl, im Spiel wie im „richtigen“ Leben fortwährend Pech zu haben.
Und natürlich lernen Kinder von Vorbildern. Zeigen Sie Ihrem Kind, dass Sie im Spiel ein guter Verlierer sind, dass Sie auch als zweiter oder dritter Sieger Ihren Spaß an einem neuen Spiel nicht verlieren. Auf diese Weise helfen Sie Ihren Kindern zu erkennen, dass man halt nicht jedes Spiel gewinnen kann.

Ich sehe was, was du nicht siehst, und das ist ...

Sprachspiele zum Selbermachen

In vielen Zuschriften haben Sie dieses bekannte Sprachspiel empfohlen, ebenfalls Memory. Weil wir sicher sind, dass Sie sie kennen, finden Sie alle diese Spiele nicht auf den nächsten Seiten. Aber die Sprachspiele mit dem ganzen Körper von Familie Hegmann aus Essen sowie die Spiele von Frau Suckert aus Wallsbüll, die das Gedächtnis trainieren. Auch die Lügengeschichten, die bei Familie Schindler aus Augsburg und bei den Kietzmanns in Leipzig erzählt werden. Und natürlich Dingsda, das Familie Kubitz aus Bautzen viel Spaß macht.

Sch ... eibenkleister

Vor lauter Ärger möchte man manchmal am liebsten „Scheiße“ sagen. Da das aber nicht schön klingt, verwenden viele dafür „Ersatzwörter“, zum Beispiel Sch...eibenkleister oder Sch...okolade. Wenn du mit deinen Freundinnen nachdenkst, fallen dir garantiert noch viele Sch...impfwörter ein. Wer wohl die meisten kennt? Wenn ihr es ganz besonders spannend machen wollt, dann dehnt das Sch... so lange, wie ihr nur könnt. Also, holt vorher genügend Luft, und los geht's! Zum Beispiel Sch...ifferklavier, Sch...wenkbraten, Sch...lüsselbrettchen, Sch...usterladen, Sch...lammsch...lacht.

Der verrückte Küchenmeister

Hast du schon einmal Matjeshering mit Himbeersauce gegessen, Huhn mit Wackelpeter oder Nudelauflauf mit Vanillesauce? Brrr, sagst du. Welcher verrückte Küchenmeister denkt sich denn so etwas aus? Du! Genau! Mit deinen Freunden veranstaltest du einen Wettbewerb, wer die lustigsten Menüs zusammenstellt (zu einem Menü gehört eine Vorspeise, ein Hauptgericht und – lecker, lecker! – der Nachtisch). Aber es gelten nur Rezepte, die wirklich Essbares enthalten, also Fleisch, Gemüse, Gewürze, Kräuter, Obst und so weiter. Schuhcreme oder Zahnpasta haben nichts in den Kochtöpfen zu suchen. Jeder Koch macht drei Menüvorschläge. Wer das ulkigste Menü erfindet, ist Sieger und erhält den Titel „Der verrückte Küchenmeister“.

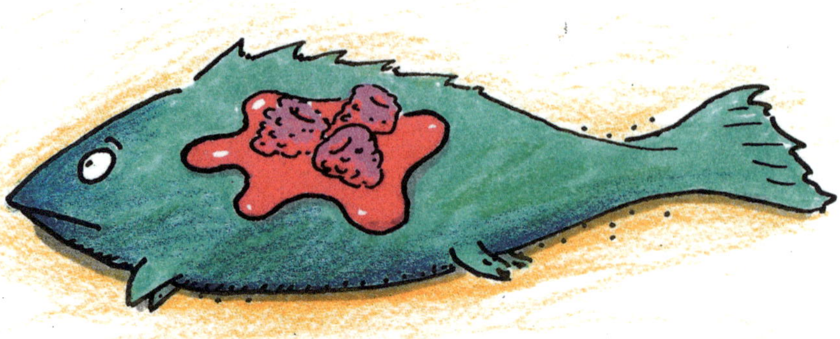

Höllisches Gelächter

Lachst du gerne? Na klar! Hör mal genau hin: Jedes Lachen klingt anders. Der eine lacht hahaha, der andere hohoho. Bei dem nächsten hört es sich an wie hehehe oder hihihi. Einige lachen höhöhö oder hühühü, bei manchen klingt es sogar wie huhuhu. Weißt du, wie sich höllisches Gelächter anhört? So klingt es, wenn alle laut durcheinander lachen. Mit deinen Freunden oder Freundinnen kannst du es ganz leicht nachmachen. Jeder Spieler sucht sich zuerst eine „Lache" aus, die ihm besonders gut gefällt oder die am besten zu ihm passt. Dann stellen sich alle etwas Lustiges vor und legen gleichzeitig los: Alle lachen höllisch durcheinander. Dabei darf aber jeder die „Lache" wechseln, wenn es ihm gefällt, also von hahaha bis huhuhu. So könnt ihr tolle Töne hervorbringen und höllisch lachen, bis euch die Augen tränen.

Das Korken-Telefon

Sicher hast du schon einmal telefoniert. Dabei ist dir vielleicht aufgefallen, dass du nicht alle Laute gleich gut verstehst. „S" zum Beispiel klingt oft wie „F". Stell dir vor, du telefonierst mit deinen Freundinnen, die Verbindung ist aber nicht sehr gut. Deshalb müsst ihr ganz besonders deutlich sprechen. Für das Spiel braucht ihr einen Ball und für jede einen Korken.
Du fängst an. Klemm dir den Korken zwischen die Zähne und wirf den Ball deiner ersten Gesprächspartnerin zu. Mit dem Korken zwischen den Zähnen versuchst du nun, ihr etwas mitzuteilen, und zwar so deutlich wie möglich. Zum Beispiel: „Hallo Uschi, wollen wir zusammen schwimmen gehen?" Uschi muss nun versuchen, das zu verstehen, was du ihr mit dem Korken im Mund gesagt hast, und es zu wiederholen. Hat sie alles richtig verstanden, wirft sie den Ball der nächsten Mitspielerin zu und sagt ihr etwas per Korken-Telefon. Wenn Uschi es nicht schafft, deine Nachricht richtig zu verstehen, dann versuch es noch einmal mit einer neuen Mitteilung bei einer anderen Partnerin.

Entdeckungsquiz auf dem Bauernhof

Warst du schon mal auf einem richtigen Bauernhof, wo es viele Tiere und Dinge gibt, die man in der Stadt nicht findet? Weißt du schon, was alles dazugehört, wer dort arbeitet und was für Tiere auf dem Hof leben? Bestimmt hast du auch einige Bauernhof-Tiere als Spielfiguren zu Hause. Dann spiel doch mit deinen Freunden mal ein Bauernhof-Quiz. Dabei kannst du noch mehr über die Tiere lernen. Auf ein großes Blatt Papier zeichnest du mehrere Kreise, Dreiecke oder Kästchen. In jedes stellst du eine Tierfigur: zum Beispiel ein Pferd, eine Kuh, einen Hund, ein Schaf, ein Schwein, ein Kaninchen, eine Gans oder ein anderes Tier, das auf dem Bauernhof lebt. Für jedes Tier legst du ein Kärtchen mit seinem Namen oder seinem Bild an und mischst sie gut. Der jüngste Spieler beginnt. Er zieht ein Kärtchen, zum Beispiel die Gans. Nun muss er fünf Fragen beantworten, die du auf die Rückseite der Karte geschrieben hast:

1) Was fressen Gänse?

2) Welchen Laut machen sie?

3) Wie sehen sie aus?

4) Wie nützen sie dem Menschen?

5) Wie bewegen sie sich?

Wer alles weiß, darf die Gans vom Spielfeld nehmen. Sonst bleibt sie stehen. Dann zieht der nächste Spieler ein Karte. Wer am Schluss die meisten Tiere hat, der hat gewonnen.

Antworten:
1) Gras, Würmer, Körner
2) sie schnattern
3) weiß, mit langem Hals
4) ihre Federn füllen Kissen und Decken
5) sie können fliegen, watscheln, schwimmen

Tiere im Zoo

Stell dir vor, dein Boden im Kinderzimmer wäre ein riesengroßes Zoogelände. Und deine Aufgabe wäre es, all deinen Tierfiguren ein schönes Gehege zu geben. Zunächst grenzt du mit Klötzchen, Bändern, Gürteln oder anderen Dingen die Gehege voneinander ab. Dann überlegst du dir, welche Tiere sich in einem Gehege wohl am besten verstehen würde. Doch Vorsicht! Ein Tiger und eine Giraffe in einem Gehege, das würde wohl nicht passen. Wenn du alle Tiere auf die Gehege verteilt hast, lässt du die Tiere in jedem Gehege miteinander sprechen. Was sie sich wohl zu sagen haben?

Was ist grau und hat ganz große Zähne?

Wir wollen mal sehen, wie gut deine Freunde die Tiere kennen. Du bist der Zoowärter und versteckst alle Tiere aus den Gehegen in einem Beutel oder einer Schachtel. Mutig greifst du mit verbundenen Augen rein und holst ein Tier raus – die anderen dürfen es nicht sehen! Du nimmst die Augenbinde ab, versteckst die Figur in deiner Hand und beschreibst sie, ohne den Namen zu nennen: „Das Tier, das ich meine, ist grau." Die Zoobesucher müssen nun raten, welches Tier gemeint ist. Ob sie das schaffen? Vielleicht musst du noch einen Hinweis geben: „Es hat riesengroße Zähne." Mach es deinen Mitspielern nicht zu leicht. Wenn sie es nach drei Fragen immer noch nicht wissen, kannst du dich so bewegen oder so brüllen oder rufen, wie es das Tier tut. Wer dein Rätsel zuerst löst, gewinnt und ist jetzt der Zoowärter.

Dingsda

Vielleicht kennst du das Spiel ja auch bereits aus dem Fernsehen. Bei diesem Spiel kommt es darauf an, Dinge zu beschreiben, ohne ihren richtigen Namen zu nennen. Wenn ein Kind das Wort aus Versehen doch ausspricht, ertönt ein „Ups". Das kannst du auch spielen. Such einige Gegenstände zusammen, zum Beispiel einen Löffel, ein Spielzeugauto, einen Bleistift, ein T-Shirt und anderes. Setz dich mit deinen Freunden in einen Kreis. Bildet zwei Gruppen. Du fängst an, nimmst das Spielzeugauto und hältst es in die Höhe – aber so, dass die anderen aus deiner Gruppe es nicht sehen können. Du sagst: „Was ist das? Sagt mir, wozu das nütze ist, doch nennt mir nicht seinen Namen." Nun muss die zweite Gruppe ausführlich erklären, was man mit dem gezeigten Gegenstand tun kann und wozu man ihn benutzt – aber ohne seinen Namen zu nennen. Zum Beispiel so: „Mit dieser Blechkiste auf vier Rädern kann man verreisen und Dinge von einem Ort zum anderen transportieren." Wenn die Mitspieler aus deinem Team den gezeigten Gegenstand raten, ohne dass die andere Gruppe den Namen genannt hat, dürft ihr weitermachen.
Auch wenn das „Ups" zu hören war, macht deine Gruppe weiter.

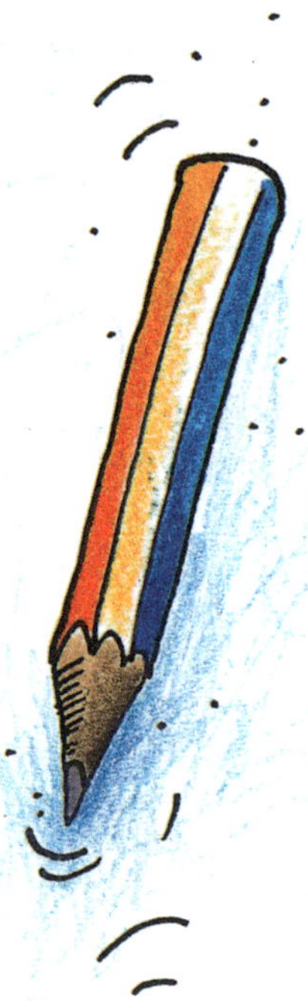

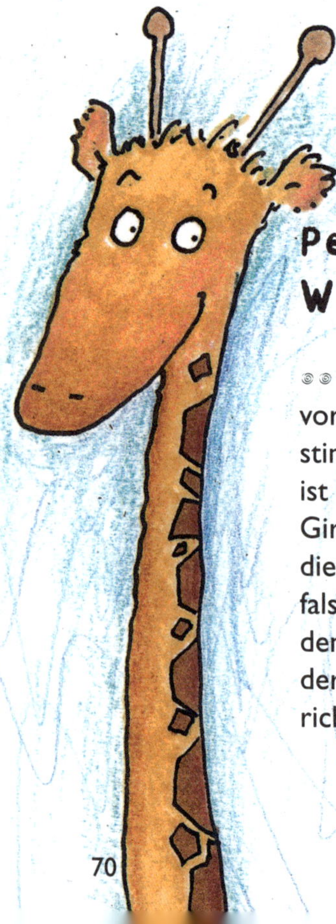

Penguin, Giruffe und Olofant – Wer hat den falschen Ton erkannt?

Bei diesem Spiel bildet jeder einen Satz, in dem ein Tier vorkommt. Der Satz hat nur einen Fehler: Der Name des Tieres stimmt nicht ganz. Einer der Laute a, e, i, o, u, ä, ö, ü oder y ist vertauscht. Statt Pinguin sagt der Spieler Penguin, anstatt Giraffe sagt er Giruffe und statt Elefant Olofant. Deshalb heißt dieses Spiel auch: „Penguin, Giruffe und Olofant – Wer hat den falschen Ton erkannt?" Du beginnst das Spiel zum Beispiel mit dem Satz: „Im Zoo habe ich viele Uffen gesehen." Der Mitspieler, der den Fehler zuerst erkennt und „Stop" ruft, muss das Wort richtig aussprechen, also „Affen", und darf weitermachen.

Der Wortwürfel-König

Bastel dir einen Würfel und male folgende Laute auf die Würfelseiten: A/Ä, E, I, O/Ö, U/Ü und Y. Mit deinen Freunden kannst du nun „Wörter würfeln". Der älteste Spieler würfelt zuerst, vielleicht E. Nun muss er ein Wort sagen, das mit E beginnt, zum Beispiel Eltern, Essen oder Elster. Gelingt es ihm, so bekommt er einen Punkt. Jetzt würfelt der nächste einen Buchstaben und macht weiter.
Du kannst die Spielregeln auch erschweren, indem du Wörter aus einem Laut in Verbindung mit einem anderen bilden lässt. Wenn du also noch einen Würfel bastelst, bei dem zum Beispiel K, S, F, D, R und H auf den Seiten stehen, kannst du beides miteinander verbinden.
Wer A mit dem einen und K mit dem anderen Würfel wirft, kann Wörter mit „Ak" wie „Akazie" und „Ka" wie „Kasten" sagen. Je mehr Buchstaben das Wort hat, desto mehr Punkte gibt es. Wer wird wohl der Wortwürfel-König?

Teller, Tasse und Tablett

So ein Abwasch kann ganz schön lästig sein. Wenn dir aber jemand aus deiner Familie dabei hilft, geht es bestimmt ganz schnell.
Bei diesem Spiel gilt es herauszufinden, wer das meiste Geschirr abwäscht oder abtrocknet. Jeder merkt sich die Gegenstände, die er in den Händen hatte. Nach jedem neuen Gegenstand oder jeder Sorte Geschirr erweitert er seine Liste und zählt sie von neuem auf.
Also: ein Teller, zwei Teller, drei Teller, eine Tasse, zwei Tassen, ein Eierlöffel und immer so weiter. Wer wohl die längste Liste zusammenkriegt?

Großeinkauf fürs neue Bad

Stell dir vor, du müsstest euer Badezimmer völlig neu ausstatten mit Seife, Zahnbürste, Creme, Handtüchern, Putzmitteln und und und. Schnapp dir deine Freundinnen, sie helfen dir beim Einkauf. Du brauchst Stifte, ein großes Blatt Papier und viele kleine Zettel.
Jede nimmt sich ein paar und schreibt auf, was sie für das neue Badezimmer kaufen möchte – pro Zettel einen Gegenstand. Dann sammelst du alle Notizen ein und sortierst sie. Manches ist sicher mehrfach aufgeschrieben worden, zum Beispiel sieben Seifen und fünf Quietsch-Enten. Aber drei Stück Seife und zwei Quietsch-Enten genügen wahrscheinlich. Dafür fehlt vielleicht manches, zum Beispiel die Toilettenbürste oder der Duschvorhang. Wenn ihr alles beisammen habt, listet ihr es auf dem großen Blatt Papier auf. Das ist eure Einkaufsliste.
Für die Küche, dein Kinderzimmer oder den Hobbykeller ist dann die nächste Liste fällig.
Viel Spaß beim Einkaufen!

Eine blinde Kuh macht muh …

„Blindekuh“ hast du bestimmt schon einmal gespielt. Hier gibt es sogar zwei blinde Kühe! Beide suchen, eine rät! Und die Mitspieler muhen um die Wette.

So geht’s: Bildet zwei Gruppen, die eine macht „muh“, die andere „müh“. Jede Gruppe lost ihre „blinde Kuh“ aus, die sie ins Rennen schickt. Den beiden werden die Augen verbunden. Dann stellt ihr einen Topf auf, unter dem ihr irgendeinen Gegenstand versteckt, zum Beispiel einen Schlüsselbund. Die beiden „blinden Kühe“ erhalten jeweils einen Holzlöffel und klopfen damit den Boden ab, um den Topf zu suchen. Jede Gruppe hilft ihrer „blinden Kuh“, indem sie „muht“ bzw. „müht“. Lauter wird die Gruppe, wenn ihr Spieler sich dem Topf nähert, leiser, wenn er sich vom Topf entfernt. Wenn eine der „blinden Kühe“ den Topf gefunden hat, ist das Spiel aber noch nicht zu Ende.

Beiden Spielern bleiben die Augen verbunden. Die „blinde Kuh“, die den Topf gefunden hat, tastet nun den versteckten Gegenstand ab. Die andere „blinde Kuh“ zählt laut bis 20. Wenn die erste in dieser Zeit rät, was für ein Gegenstand es ist, dann hat sie gewonnen. Sonst ist die zweite dran.

So werden die Punkte verteilt:
einen gibt es für die „blinde Kuh“, die den Topf gefunden hat, und einen für die, die den Gegenstand richtig errät.

Der riesengroße „Sil...ben...di...no...sau...rier

Ra...sen
Ra...sen...mä...her
Ra...sier...ap...pa...rat
Ra...ke...ten...trieb...werk

Viele Wörter fangen nicht nur mit dem gleichen Buchstaben an, sondern sogar mit der gleichen Silbe. Silben erkennst du ganz leicht, wenn du zu dem Wort, das du sagst, in die Hände klatschst. Bei Hüh...ner...stall zum Beispiel dreimal, oder bei Di...no...sau...rier viermal. Wer das größte Wort mit den meisten Silben sagen kann, der hat den sagenhaften „Sil...ben...di...no...sau...rier" entdeckt.

Du spielst mit deinen Freunden oder deiner Familie. Einer fängt an und sagt eine Silbe, zum Beispiel: Ham... Sein Nachbar wiederholt die erste Silbe und fügt eine dazu: Ham...pel. Der nächste wiederholt das Ganze und hängt noch eine Silbe dran: Ham...pel...mann. Wenn ein Spieler nicht mehr weiterweiß, dann helfen ihm natürlich die anderen – das ist doch Ehrensache. Mal sehen, wie viele Silben das längste Wort hat, das ihr zusammensetzt.

Der Überfall der Flüsterräuber

Wenn eine deiner Freundinnen Kasperlepuppen besitzt, dann spielt doch einmal „Der Überfall der Flüsterräuber".
Diese berüchtigten Banditen sind deshalb so schwer zu fassen, weil man sie kaum hören kann, so leise sind sie. Und jetzt wollen sie dir, dem Kasperle, und deiner besten Freundin Petra an den Kragen. Aber du legst den Räubern das Handwerk. Du kannst nämlich noch viel, viel leiser flüstern als die wilde Bande!
Ein Vögelchen hat dir gezwitschert, dass die Räuber bei dir und Petra einbrechen und eure schönen Wintervorräte mopsen wollen: Nüsse, Kartoffeln, Äpfel, Salami, Käse und Bohnen.
Du kommst ihnen aber zuvor, denn du schleichst dich an ihr Versteck heran und belauschst sie. Anschließend flitzt du nach Hause, dort musst du Petra ganz leise erklären, was die Banditen vorhaben. Die muss ganz schön die Ohren spitzen, damit die Räuber nicht mitkriegen, dass ihr schon Bescheid wisst. Gemeinsam denkt ihr euch dann aus, wie ihr aus der Speisekammer eine raffinierte Falle macht, um die ganze Bande darin zu fangen.

Ganz schön ausgelassen!

Welches ist dein Lieblingsbuch? Lies doch einmal deinen Freunden eine kurze Geschichte daraus vor. Dann lies sie ein zweites Mal vor. Aber wenn deine Freunde aufmerksam zuhören, werden sie bald merken, dass du manchmal ein wichtiges Wort weglässt. Wenn es zum Beispiel bei „Käpt'n Blaubär" heißt: „So ein alter Seebär spinnt manchmal ziemliches Seemannsgarn", dann kannst du das Wort „Seebär" oder „Seemannsgarn" auslassen und dafür an dieser Stelle eine kleine Pause machen. Der Erste, der die Lücke bemerkt, ruft: „Stopp, ganz schön ausgelassen!" Wenn er auch noch das richtige Wort sagen kann, bekommt er einen Punkt. Wer bis zum Ende der Geschichte die meisten Punkte gemacht hat, darf nun selbst etwas vorlesen und „ganz schön ausgelassen" sein.

Lustige Scharade

Wenn du etwas nur mit Gesten zeigst, ohne dabei zu reden, und die anderen müssen raten, was du zeigst, dann heißt das Scharade. Für viele Berufe gibt es zum Beispiel ganz typische Haltungen oder bestimmte Bewegungen: Schwingst du ein Lasso und galoppierst durch das Zimmer, bist du natürlich ein Cowboy. Tust du mit der Hand so, als ob du einen Löffel darin hältst und in einem Topf rührst, dann bist du ...? Klar, ein Koch!

Wenn sich immer zwei zusammentun, dann seid ihr viele Paare. Die spielen jetzt gegeneinander. Einer denkt sich eine Tätigkeit aus, der andere führt sie vor. Die übrigen Paare müssen nun herausfinden, um welchen Beruf es sich handelt. Am leichtesten geht es, wenn die Spielpartner gemeinsam versuchen, die richtige Lösung zu finden. Wer zuerst das Rätsel löst, darf nun selbst mit „vollem Körpereinsatz" eine Scharade vorführen.

Lügenbaron Münchhausen

◎◎◎ Lügen haben kurze Beine! Dieses Sprichwort bedeutet, dass früher oder später immer rauskommt, ob jemand gelogen hat. Wenn du aber schwindelst, dann wissen die anderen ganz genau, dass du nicht die Wahrheit sagst. Sobald du unglaubliche Geschichten erfindest, wie der Baron Münchhausen, finden es alle sogar ganz lustig. Der hat seinen Zuhörern so phantastische Lügengeschichten erzählt, dass er den Titel „Lügenbaron“ bekam.

Was der konnte, kannst du doch auch. Stell dir vor, du kommst zu spät zur Feier deiner besten Freundin, dann wollte sie natürlich wissen, warum. Du bist richtig clever und erfindest die tollsten Begründungen, zum Beispiel: „Zum Frühstück gab es Straußeneier, die mussten viel länger gekocht werden, weil sie so riesengroß sind. Deshalb habe ich leider den Bus verpasst.“ Faule Ausrede, sagst du? Klar! Wetten, dass dir und deinen Freundinnen noch viel lustigere Schwindeleien einfallen?

Also: Deine Freundin Nuran hat Geburtstag und wartet auf ihre Gäste. Um fünf nach drei kommt die erste zum Fest. Die Gastgeberin fragt: „Warum kommst du zu spät?“

Marion ist um eine Ausrede nicht verlegen: „Ich hatte kein Benzin mehr für meine Inline-Skater, deshalb musste ich erst zur Tankstelle!“

Nuran lässt ihr das Zuspätkommen gerade noch einmal durchgehen. Dann kommt die nächste. Mal sehen, was die für eine tolle Ausrede auftischt. Wer die lustigste Begründung findet, ist die neue Lügenbaronin.

Mach mich an,

schalt mich aus

Von der Medienmagie
in Kinderzimmern

Noch vor wenigen Jahren schien es eine eindeutige Antwort zu geben: Bücher waren gut, Fernsehen war schlecht, Schallplatten waren weder gut noch schlecht. Sie wurden gegenüber dem Fernsehen als das kleinere Übel angesehen, auch wenn sie das Vorlesen und Märchenerzählen nicht ersetzen konnten. Längst haben TV, Video, CD/DVD-Player und Kassettenrekorder samt entsprechendem Zubehör die Kinderzimmer erobert. Gestiegen ist die Zahl der Fragen, die sich die Erwachsenen für den richtigen Umgang stellen. Ziehen die vielen Medien die sprachlose Gesellschaft nach sich? Versinken unsere Kinder in der Einsamkeit, wenn sie den Computer zum Lieblingsspielgefährten auserkoren haben? Welche Folgen hat der Mediengebrauch für die kindliche Entwicklung, die Sprachentwicklung im Besonderen?

Medien gehören zum Leben. Wer sie verbietet, schaltet den Bildschirm oder den Rekorder aus, aber nicht den Einfluss der Medien.
Deshalb ist es besser, Kinder altersgemäß an den sinnvollen Gebrauch der unterschiedlichen Medien heranzuführen. Sie sollten auf keinen Fall die „besten Freunde" eines Kindes sein, ersetzen niemals Erfahrungen aus erster Hand. Kinder brauchen den direkten Kontakt mit „echten" Materialien, Erlebnissen, Menschen, um ihre fünf Sinne – Schmecken, Riechen, Sehen, Hören und Fühlen – entwickeln zu können. Ein Fußballspiel auf dem Rasen ist mit einem Spiel am Bildschirm nicht zu vergleichen. Medien können aber helfen, Erfahrungen zu verarbeiten oder Erfahrungen zu sammeln, die in der realen Welt nicht möglich sind. Sie bieten hin und wieder sogar ein Stück Lebenshilfe. Und sie können – richtig genutzt – dem Kind sogar bei seiner geistigen Entwicklung helfen.

Ich glotz TV

Als deine Eltern so alt waren wie du heute, gab's nur zwei Programme mit dem Sandmännchen und ein paar Zeichentrick- und Tierfilmen in der Kinderstunde. Heute ist das ganz anders. Es gibt viele Sender und Sendungen, von früh bis spät läuft immer irgendwo irgend etwas für Kinder. Aber manches davon ist langweilig oder schlecht gemacht.
Damit du dich mit deinen Eltern einigen kannst, welche Sendungen tatsächlich für dich interessant sind, haben einige Programmzeitschriften einen extra Kinderservice eingerichtet.
Du findest darin meist eine kurze Inhaltsangabe, einen Hinweis, ab welchem Alter du zuschauen darfst, und eine Kurzbewertung. Die zeigt dir, ob die Sendung schlecht ist, du also besser gar nicht einschaltest, ob sie „ganz o.k." ist oder wirklich spitzenmäßig.

Minutenkonto

Mit so einer Zeitschrift kannst du mit deinen Eltern den „Fernseh-Fahrplan“ für die kommende Woche festlegen. Du hast dafür ein „Minutenkonto“, das du zum Fernsehen nutzen darfst. Wie viele Minuten pro Tag das sind, musst du mit deinen Eltern klären. Also, überleg genau, welche Sendungen du wirklich gerne gucken willst. Das finden auch deine Eltern eine ganz prima Idee!

Programmansage

Möchtest du einmal eine Ansagerin im Fernsehen sein? Du brauchst dazu nur eine große Pappe. Da schneidest du ein Loch hinein, sodass du durchschauen kannst: „Guten Abend, meine sehr verehrten Damen und Herren!“ oder „Hallo, liebe Kinder“ sagst du und kündigst eine Sendung an – aber ohne den Titel zu nennen! Den müssen deine Eltern oder Freunde erraten. Du beschreibst nur, um was es in der Sendung geht. Oder du erzählst, wie die Hauptfigur aussieht, welche Hobbys und typischen Eigenschaften sie hat. Wer erkennt am schnellsten, um wen oder was es geht?

TV-Leporello

Kennst du ein Leporello? Das ist ein ganz langes Buch, bei dem die Seiten alle aneinander hängen, sodass es aussieht wie eine Ziehharmonika. Mal doch einmal mit deinen Freundinnen ein Fernseh-Leporello. Sucht euch eure Lieblingssendung aus. Schaut sie euch zusammen an, dann malt jeder ein Bild zu dieser Sendung. Du wirst staunen, wie unterschiedlich die Bilder sein werden. Weil nämlich für jeden etwas anderes wichtig ist. Danach klebt ihr die Bilder aneinander – so wie auf der Zeichnung.

Mit dem Mikrofon auf Geräuschjagd

Zur Ausstattung der meisten Haushalte zählt heute auch ein Kassettenrekorder. Viele Kinder besitzen sogar schon einen eigenen, zumal die Kleinsten (ab etwa drei Jahre) gerade die einfachen Geräte mühelos bedienen können. Kassettenrekorder bieten zahlreiche Möglichkeiten: Hörspiele oder Musik hören, Vokabeln abfragen, auch eigene Aufnahmen anfertigen. Hier dreht sich alles um Sprache und Klänge, um Sprechen und Hören. Durch den spielerischen Umgang mit dem Kassettenrekorder können Sie die Sprachentwicklung Ihrer Kinder fördern. Das empfiehlt auch Familie Lindemann aus Kürten.

Am Mikrofon: ich!

Natürlich hörst du dir manchmal Hörspiel- oder Musikkassetten an. Das ist ja ganz schön, aber auch ein bisschen langweilig. Wenn ihr in der Familie einen Kassettenrekorder habt, mit dem man aufnehmen kann, warum machst du dann nicht mal dein eigenes Programm? Bestimmt hilft dir jemand dabei. Hier sind ein paar Tipps, wie du Geräusche erzeugen und aufnehmen kannst. Spiel sie doch anschließend deinen Freundinnen vor. Ob sie welche erraten und vielleicht sogar rauskriegen, wie du die Klänge herbeigezaubert hast?

Knall, bumm, knister

So zauberst du Geräusche:
Wind: Du streichst mit einer Bürste über ein Stück Pappe.
Sturm: Du pustest leicht ins Mikrofon.
Donner: Du hältst ein sehr großes Stück Pappe an einer Ecke fest und schüttelst es hin und her.
Regen: Lass Reis aus einer Tüte in eine Pappschachtel rieseln.
Hagel: Wenn's sogar hageln soll, musst du den Reis in eine Blechdose rieseln lassen.
Sanfte Wellen: Das ist einfach, du plätscherst mit der Hand in einer Schale mit Wasser.
Meeresbrandung: Wenn du Erbsen in einem Metallsieb hin und her rollst, hört sich das an wie große Meereswellen. Oder du reibst im Takt der Wellen mit einer Bürste auf einem Blech hin und her – mal drückst du stärker, mal schwächer.

Wetterbericht

Wie wär´s mit einer eigenen Wettervorhersage? Natürlich mit einer, bei der man das Wetter hören kann. Wie das geht, weißt du ja jetzt. Das könnte sich zum Beispiel so anhören: „Heute naht aus dem Nordosten ein gewaltiges Sturmtief mit viel Wind (Geräusch) und Regen (Geräusch). Für morgen werden außerdem Gewitter mit Donner (Geräusch) und Hagel (Geräusch) erwartet."

Achtung, Aufnahme!

Probier doch einfach mal aus, wie sich verschiedene „richtige“ Geräusche oder Töne anhören, wenn du sie aufgenommen hast und von der Kassette abspielst. Du wirst staunen – deine Freunde auch, wenn sie raten sollen, was sie gerade hören. Stell dich in den Garten, in den Hof oder an den Straßenrand auf den Gehsteig. Was hörst du? Kirchenglocken, Autohupen, Vogelgezwitscher, Hausklingeln und und und. Na, wie klingt es? Wer errät das meiste?

Wer war das?

Auch Stimmen hören sich auf Band oft ganz anders an. Hast du schon einmal deine eigene Stimme gehört? Vielleicht kommt sie dir auf Kassette fremd vor. Das ist normal, denn jeder hört sich selbst ganz anders, als es die anderen tun. Aber wie ist es mit den Stimmen von deinen Eltern, Freundinnen, Geschwistern? Denk dir einen Satz oder Reim aus, zum Beispiel: „Ich wollt, ich wär ein Huhn, dann hätt ich nichts zu tun. Ich legte jeden Tag ein Ei und sonntags auch mal zwei.“ Diesen Reim sollen alle nacheinander ins Mikrofon sprechen. Anschließend spielst du die Aufnahme wieder ab. Ob jemand alle Stimmen erkennt?

Computer sind doof!

Computer oder Roboter sind im Grunde schrecklich dumm: Sie können nur das, was Erwachsene ihnen vorher beigebracht haben. Das bedeutet, sie tun genau das, alles das und nur das, worauf sie programmiert sind, was man ihnen befiehlt.
Tu doch einmal so, als ob du ein Computer wärst. Ihr überlegt zuerst, wo man dich einschaltet. Vielleicht am Ohr? Oder an der großen Zehe? Dann legt ihr bestimmte Befehle fest. Hörst du zum Beispiel „Ritschratsch", musst du den rechten Arm heben. Bei „Schummschumm" sollst du mit dem Kopf wackeln usw. Wenn du einen Fehler machst, tauscht ihr die Rollen. Spielt ihr mit mehreren, befiehlt einer, alle anderen sind die Roboter. Wer einen Fehler macht, scheidet aus.

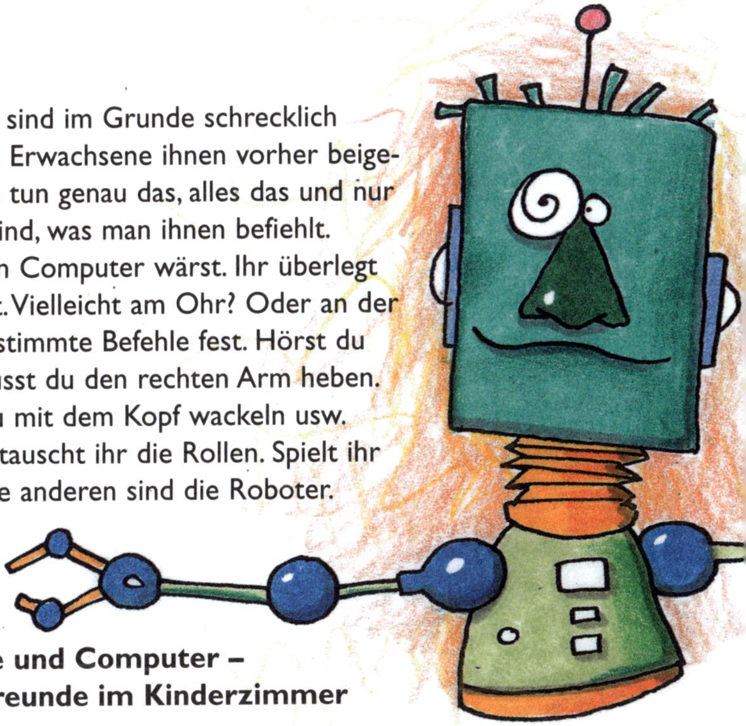

Video-Spiele und Computer – die neuen Freunde im Kinderzimmer

Haben Sie auch manchmal ein mulmiges Gefühl, wenn Ihr Kind vor dem Bildschirm sitzt und sich der Faszination von Computer- und Videospielen hingibt? Ob tragbare Geräte, Computerspiele auf Diskette bzw. CD-ROM oder Tele-Konsolen, am Fernseher angeschlossen: Was fasziniert Kinder so sehr an diesen neuen Spielgefährten? Einige Gründe liegen klar auf der Hand: Sie versprechen Spannung und Unterhaltung, „Action", die der Alltag oft nicht zu bieten hat. Ein Computer hat immer Zeit, ist immer verfügbar. Das Spiel hat relativ klare Strukturen, die der Spieler schnell durchschaut. Eigene Leistungen sind messbar, die Spiele sind gerecht, da gibt's nichts zu schummeln, man wird aber auch nicht übers Ohr gehauen. Der Spieler kann das Niveau, den Schwierigkeitsgrad selbst festlegen und bestimmte Abläufe so lange wiederholen, bis er sie beherrscht und Erfolg hat. Computer verleihen Macht – für viele Kinder ist es ein faszinierendes Erlebnis, dass sie die Kontrolle haben.

Unter den vielen verschiedenen Spielkategorien bieten am ehesten die Abenteuerspiele („Adventures") einen Ansatz zur Sprachförderung. Sie zeichnen sich durch eine komplexe Spielstruktur aus, die einzelnen Szenen des Geschehens bauen aufeinander auf. Die Spieler müssen zahlreiche Aufgaben und Probleme lösen, Bewährungsproben bestehen, um ans Ziel zu gelangen. Hier können einzelne Lösungsansätze besprochen und entschieden werden. Daneben gibt es auch Spiele, bei denen der Verlauf durch eigene Texteingaben oder die Auswahl vorgegebener Texte beeinflusst wird. Allerdings ist hier meist wenig Action angesagt, sodass diese „Text-Adventures" bei Kindern im Allgemeinen nicht gerade auf Platz eins landen.

Wer die Wahl hat ...

Früher gab es kaum ansprechende Lern- und Spielprogramme. Kritiker bemängelten schlechte Grafiken, schwierige Bedienung, teilweise gesundheitliche Gefahren wie Bildschirmstrahlung. Doch in der Zwischenzeit hat sich viel verändert. Eltern können durchaus fündig werden, wenn sie gute Computerspiele suchen. Experten raten, beim Kauf auf folgende Kriterien zu achten:

- Das Spiel sollte eine genaue Grafik und eine gute, spielunterstützende Vertonung haben.
- Es sollte möglichst vielfältige Aufgaben bieten, die das logische Denken, die Reaktionsschnelligkeit, aber auch die Kombinations- und insbesondere die Sprachfähigkeit fördern.
- Die Strategie sollte konstruktiv und nicht zerstörend angelegt sein.
- Das Spiel sollte Identifikationsmöglichkeiten für beide Geschlechter bieten, altersgerecht sein und weder gewaltverherrlichende noch rassendiskriminierende Elemente enthalten.
- Spiele für mehrere Teilnehmer sind Einzelspielen vorzuziehen.

Es lohnt sich, nach lustigen und spannenden Spielen zu forschen. Eine Hilfe bietet die Loseblattsammlung „Computerspiele auf dem Prüfstand“, die Sie kostenlos bei der Bundeszentrale für politische Bildung bekommen (Adresse auf Seite 124). Ansonsten gilt: Spielen sie mit Ihrem Kind ruhig auch Computer- und Videospiele. Sie können den Spaß der Kinder verstehen, weil Sie ihn selbst erleben. Damit akzeptieren Ihre Kinder Sie als „Insider“. Schließlich haben Sie die Kontrolle, was – und vor allem wie lange gespielt wird.

Wann sind wir endlich daaa ...?

Sprachspiele auf Reisen

Das wird Ihnen allzu bekannt vorkommen, wenn Sie schon einmal mit Kindern verreist sind. Unermüdlich können die kleinen Mitfahrer diese Frage wiederholen – und strapazieren damit Ihre Geduld aufs Äußerste. Woran liegt es, dass fast jede längere Reise so kommentiert wird? Zum einen sind Kinder durch die Reisevorbereitungen aufgeregt und erwarten mit Ungeduld die Ankunft am Zielort. Ein zweiter Grund liegt ebenso auf der Hand: Die Fahrt an sich ist zu langweilig, es fehlen die richtigen Spielmittel oder Ideen.

Es gibt nur einen Ausweg: Die Fahrt selbst muss zum spannenden Teil des Urlaubs oder des Ausflugs werden, der Weg ist das Ziel! Wo ist die Gelegenheit dafür günstiger als in der Bahn? Sie müssen nicht auf den Verkehr achten und können sich für eine Weile voll und ganz den Kindern widmen.

Die Spielideen auf diesen Seiten sollen helfen, die Reisezeit mit Kindern spannend und abwechslungsreich zu gestalten. Die gefürchtete Frage (s.o.) beantworten Sie spielerisch, wenn Sie mit Ihren Kindern die folgende Zeichnung vervollständigen.

Zwischenstopps

Umsteigebahnhof

Bahnhof

Du bist mit der Bahn unterwegs und sicher ein bisschen aufgeregt. Wie es weitergeht, willst du wissen, wie oft der Zug noch hält, bis das Ziel erreicht ist. Trag am besten zu Beginn der Reise auf der gezeichneten Strecke für jeden Bahnhof, an dem der Zug anhält, das B ein. Bahnhöfe, an denen du umsteigen musst, bekommen ein U. Bei 12 Zwischenstopps setzt du die Zeichen zum Beispiel eng nebeneinander, bei nur 3 oder 4 hast du mehr Platz. Jetzt kannst du jeden erreichten Bahnhof abhaken und weißt immer genau, wie viele „Stopps" du noch vom Ziel der Reise entfernt bist. Pass also genau auf, damit du keinen Halt versäumst!

Unterwegs gibt es viel zu sehen. Es lohnt sich, die Augen offen zu halten und aus dem Fenster zu schauen – besonders, wenn daraus noch ein spannendes Spiel wird!

Bingo mal ganz anders

Schau dir die Bilder auf den beiden Bingo-Karten mit deiner Schwester, deinem Bruder oder jemand anderem zunächst genau an. Du merkst sicher, dass auf jeder Karte die gleichen Bilder sind – allerdings in unterschiedlicher Reihenfolge.

Jeder Mitspieler hat seine eigene Karte. Im Laufe der Bahnfahrt schauen beide immer wieder aus dem Fenster. Wenn der Zug kurz vorher an einer Kirche oder an einem See vorbeigekommen ist, heißt es aufgepasst: Alle suchen nach den abgebildeten Begriffen. Es ist egal, wer zuerst etwas entdeckt. Das wird dann nur laut gerufen, damit beide Mitspieler diesen Begriff auf ihrer Karte abhaken können. Da sich die Reihenfolge der Bilder unterscheidet, wird einer zuerst vier Begriffe in senkrechter oder waagerechter Linie abhaken können. Dieser Glückspilz ruft dann laut „Bingo!" und hat gewonnen!

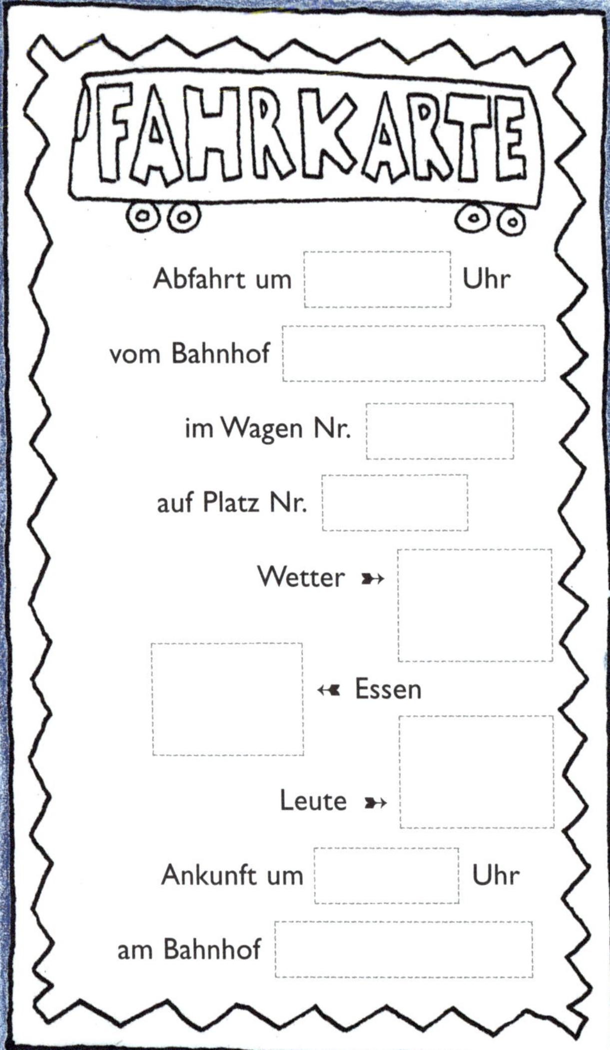

Kinderfahrkarte

„Die Fahrkarten bitte!“ ruft der freundliche Zugbegleiter. Alle Erwachsenen kramen in den Taschen – und du?

Hier kannst du dir eine eigene Kinderfahrkarte ausstellen. Es geht vor allem darum, was du auf der Zugfahrt schon alles erlebt hast, wie das Wetter ist, ob die anderen Leute im Abteil nett sind und wie das Proviant-Paket schmeckt. Zeichne einfach die entsprechenden Bilder in die leeren Kästchen ein und mal die ganze Fahrkarte bunt. Dann hast du auch ein schönes Andenken an deine Reise.

Wetter

Essen

Leute

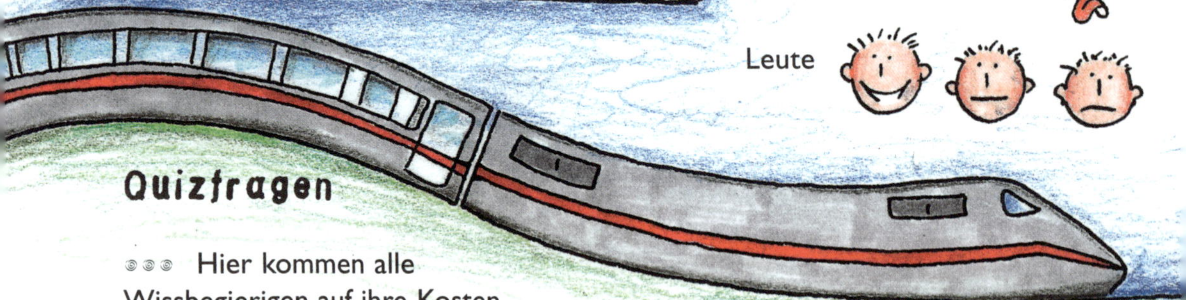

Quizfragen

Hier kommen alle Wissbegierigen auf ihre Kosten. Von den angegebenen Antworten sind immer zwei falsch. Findest du die richtige heraus? Wenn du es nicht weißt, dann frag doch mal deine Eltern, ob sie weiterhelfen können!

1. Wie schnell kann ein ICE fahren?

   180 km/h ☐ 330 km/h ☐ 280 km/h ☐

2. Was meinst du, wie viele Eisenbahntunnel es zwischen Hannover und Würzburg gibt?

   5-10 ☐ 55-65 ☐ 150-160 ☐

Auflösung:
330 km/h
55-65

Auf dieser Seite darfst du mit Wörtern, Buchstaben und Sätzen jonglieren, dass die Sitzpolster nur so wackeln!

Wie das funktioniert? So:

Papageienschule

Der Lehrer in der Papageienschule ist ziemlich verdreht. Er sagt zum Beispiel: „Hier ist meine Nase!“ und fasst dabei an sein Knie. Die Papageienschüler müssen den Satz genau nachsprechen, zeigen dabei aber wirklich auf ihre Nase! Wenn ein Schüler auf den falschen Körperteil oder Gegenstand zeigt oder sich verspricht, muss er ein Pfand abgeben.

Für Zugvögel und andere Reisende

Einer der Mitspieler denkt sich ein Reiseziel aus: „Ich reise nach Hamburg!“ Der nächste Mitspieler hat es schwerer, er muss ein Ziel finden, das mit dem letzten Buchstaben des gerade genannten Ortes anfängt. In unserem Beispiel wäre das also ein Land oder eine Stadt mit „G“: „Und ich reise nach Göttingen!“ So geht es immer weiter, kreuz und quer durch Deutschland und die ganze Welt!

Der erste nennt spontan – also ohne lange nachzudenken – drei oder vier Buchstaben. Jetzt muss der Nächste einen Satz bilden, dessen Wörter mit diesen Buchstaben beginnen. Aus „A – F – S – G“ wird zum Beispiel: „Anjas Fisch schwimmt gerade!“ Der Übernächste macht daraus: „Affen fressen saftiges Gras!“ Es muss zwar ein ordentlicher Satz herauskommen, aber die Inhalte werden bestimmt ganz lustig. Wem wirklich gar kein Satz einfällt, der gibt nach spätestens einer Minute ein Pfand ab.

Ein Vorschlag zum Auslösen der Pfänder steht zwei Seiten weiter.

Kunterbuntes Zugabteil

◎◎◎ Hier ist ja einiges los! Wenn du dir das Bild ganz genau anschaust, dann entdeckst du, dass sich einige „Schwarzfahrer“ eingeschmuggelt haben – richtig, die Mäuse sind gemeint.

Wie viele Mäuse findest du?

Bitte bunt malen!

Auflösung:
12 Mäuse

Lange Reisen können ganz schön anstrengend sein, das ist klar. Vom Sitzen kribbeln die Beine, du würdest am liebsten rennen und toben, aber das geht leider nicht. Probier doch mal unsere Zugvogel-Gymnastik:

Alle Vögel fliegen hoch

Wer mitspielen möchte, legt beide Hände auf seine Knie. Einer wird der Spielleiter. Auf sein Kommando fangen alle an, mit den flachen Händen auf die Knie zu trommeln. Dazu ruft der Spielleiter: „Alle Vögel fliegen – hoch!“ Sobald das Wort „hoch“ ausgesprochen wird, müssen die Mitspieler entscheiden, ob sie ihre Hände hochfliegen lassen oder nicht. Vögel können fliegen, also sollten jetzt auch alle Hände nach oben fliegen. Wenn der Spielleiter aber sagt: „Alle Zebras fliegen – hoch!“, müssen die Hände natürlich weiter auf die Knie trommeln.
Der Spielleiter versucht, die anderen reinzulegen, indem er seine Hände bei den Vögeln unten lässt, bei den Zebras dagegen hochhebt. Wer darauf hereinfällt, gibt ein Pfand ab.

Angeln

Für dieses Spiel ziehst du die Schuhe aus und legst einen Bleistift auf den Boden. Das ist der Fisch. Wer schafft es, den Fisch mit den Füßen zu angeln? Schaffst du es auch, den Bleistift mit den Füßen an einen anderen Mitspieler weiterzugeben?

Pfänder auslösen

Wer sein Pfand auslösen möchte, braucht etwas Glück. Ein anderer Mitspieler nimmt sich einen Papierschnipsel oder eine Münze. Er nimmt beide Hände hinter den Rücken und versteckt die Münze oder den Schnipsel in einer Faust. Dann zeigt er beide Fäuste. Jetzt muss der erste Spieler raten, in welcher Hand sich der Gegenstand befindet. Rät er richtig, erhält er sein Pfand zurück. Irrt er sich, hat er noch einen Versuch. Gelingt es ihm immer noch nicht, sein Pfand auszulösen, dürfen ihm die anderen eine lustige Aufgabe stellen, die aber auch wirklich zu schaffen ist. Beispiel: „Du bekommst dein Pfand, wenn du einen Zug mit vier Waggons malen kannst, ohne den Stift abzusetzen!“

Jetzt ist die Reise mit allen Spielen fast wie im Flug vergangen. Du bist am Ziel angekommen und hast den Urlaub oder vielleicht einen Besuch bei Oma und Opa vor dir.

Damit dir auch hier die Ideen nicht ausgehen, findest du auf dieser Seite noch einen Spieletipp für die Ferien.

Memobuch

Am besten fängst du schon an den ersten Urlaubstagen damit an, dein großes Memobuch zu basteln. Dafür legst du drei oder vier Bogen weißes Papier im DIN A4-Format ganz genau aufeinander und faltest sie in der Mitte wie ein Buch. Die Seiten werden miteinander verbunden, indem du an der Knickstelle von oben bis unten ein paar Löcher durch alle Bogen drückst. Dabei können dir deine Eltern mit einer Schere oder einem spitzen Stift helfen. Nun brauchst du nur noch einen Faden durch die Löcher zu ziehen und zu verknoten – fertig ist das Memobuch.

Aber jetzt geht's erst richtig los: Du sammelst den ganzen Urlaub alles, was für dich interessant ist – zum Beispiel Eintrittskarten, Blätter, fremde Münzen, Muscheln oder Briefmarken. Kleine, flache Dinge klebst du direkt in das Memobuch ein. Die dickeren, größeren Gegenstände legst du unter eine Seite des Buches und streichst von der anderen Seite mit einem weichen Bleistift vorsichtig darüber. So werden die Strukturen sichtbar! Außerdem kannst du natürlich witzige Erlebnisse als Bildergeschichte ins Memobuch malen. Das macht Spaß in den Ferien und wird ein tolles Andenken für später!

Beim Essen spricht man nicht!

Oder doch?

Wie die gemeinsamen Mahlzeiten noch mehr Spaß machen

Beim Essen geht es um viel mehr als nur um Nahrungsaufnahme. Gemeinsame Mahlzeiten spielen auch für die Sprachentwicklung eine wichtige Rolle. Kleine Tricks und witzige Spielideen steigern den Appetit – und das Sprachvermögen.

Um richtig sprechen zu lernen, brauchen Kinder in erster Linie Gelegenheiten zum Gespräch und eine entspannte Atmosphäre. Wo finden sie das besser als bei den Mahlzeiten? Zwar steht das Essen im Mittelpunkt, doch setzen sich alle auch an den Tisch, um noch andere Formen des Hungers zu stillen – nach Gemeinsamkeit, nach Nähe, nach Information. Es werden Neuigkeiten ausgetauscht, Fragen gestellt, Antworten gegeben, Konflikte ausgetragen, Späße gemacht – die ganze Bandbreite der Sprache kommt hier zum Einsatz.
Zuhören bei den Gesprächen anderer ist ebenso wichtig wie der Dialog mit einem Partner, der wiederum konzentriert zuhört und dann antwortet.

Zuhören, nicht verbessern

Schon das Zusammensitzen und die Tischgespräche sind für Kinder das reinste Sprachübungslager, wenn sie immer wieder aktiv in die Gespräche einbezogen werden. Auch hier gilt: Viel sprechen geht vor richtig sprechen, zuhören geht über verbessern. Ein Dialog wie: „Die Tirschen sind aber süß" – „Das heißt Kirschen!" drückt den Selbstwert Ihres Kindes und hemmt eher seine Sprachentwicklung.
Die folgenden Spielideen unterstützen das Lernen von Sprache auf verschiedene Weise – durch Gymnastik für die Zunge und die Lippen, durch Schulung der Wahrnehmung, also Sehen und Hören, ganz konkret mit Übungsspielen für die S-, R-, G- und K-Laute. Aber immer durch spielerischen Umgang mit Sprache.

Mit Lust und Laune

Vielfalt ist Trumpf, wenn ein Kind regelmäßig unterschiedliche Gesprächssituationen erlebt.
Das können eine große Tafel mit vielen Leuten oder ein Imbiss nur mit den Geschwistern und gleichaltrigen Freunden sein. So findet vielleicht jede Mahlzeit des Tages in einer anderen Zusammensetzung statt. Frühstück gibt´s alleine mit Papa, während sich abends die ganze Familie zum Essen versammelt. Laden Sie zum Mittagessen die Freundinnen Ihres Kindes ein. Wechseln Sie sich mit anderen Familien ab. Gespräche unter Kindern, die in der Sprachentwicklung auf dem gleichen Stand sind, fördern das Sprechenlernen enorm. Außerdem macht das Essen dann gleich viel mehr Spaß. Und es passiert nicht mehr, dass die gemeinsame Mahlzeit einfach ausfällt.

Beim Essen spricht man nicht!

Oder doch?

Wie die gemeinsamen Mahlzeiten noch mehr Spaß machen

Beim Essen geht es um viel mehr als nur um Nahrungsaufnahme. Gemeinsame Mahlzeiten spielen auch für die Sprachentwicklung eine wichtige Rolle. Kleine Tricks und witzige Spielideen steigern den Appetit – und das Sprachvermögen.

Um richtig sprechen zu lernen, brauchen Kinder in erster Linie Gelegenheiten zum Gespräch und eine entspannte Atmosphäre. Wo finden sie das besser als bei den Mahlzeiten? Zwar steht das Essen im Mittelpunkt, doch setzen sich alle auch an den Tisch, um noch andere Formen des Hungers zu stillen – nach Gemeinsamkeit, nach Nähe, nach Information. Es werden Neuigkeiten ausgetauscht, Fragen gestellt, Antworten gegeben, Konflikte ausgetragen, Späße gemacht – die ganze Bandbreite der Sprache kommt hier zum Einsatz.
Zuhören bei den Gesprächen anderer ist ebenso wichtig wie der Dialog mit einem Partner, der wiederum konzentriert zuhört und dann antwortet.

Zuhören, nicht verbessern

Schon das Zusammensitzen und die Tischgespräche sind für Kinder das reinste Sprachübungslager, wenn sie immer wieder aktiv in die Gespräche einbezogen werden. Auch hier gilt: Viel sprechen geht vor richtig sprechen, zuhören geht über verbessern. Ein Dialog wie: „Die Tirschen sind aber süß" – „Das heißt Kirschen!" drückt den Selbstwert Ihres Kindes und hemmt eher seine Sprachentwicklung.
Die folgenden Spielideen unterstützen das Lernen von Sprache auf verschiedene Weise – durch Gymnastik für die Zunge und die Lippen, durch Schulung der Wahrnehmung, also Sehen und Hören, ganz konkret mit Übungsspielen für die S-, R-, G- und K-Laute. Aber immer durch spielerischen Umgang mit Sprache.

Mit Lust und Laune

Vielfalt ist Trumpf, wenn ein Kind regelmäßig unterschiedliche Gesprächssituationen erlebt.
Das können eine große Tafel mit vielen Leuten oder ein Imbiss nur mit den Geschwistern und gleichaltrigen Freunden sein. So findet vielleicht jede Mahlzeit des Tages in einer anderen Zusammensetzung statt. Frühstück gibt´s alleine mit Papa, während sich abends die ganze Familie zum Essen versammelt. Laden Sie zum Mittagessen die Freundinnen Ihres Kindes ein. Wechseln Sie sich mit anderen Familien ab. Gespräche unter Kindern, die in der Sprachentwicklung auf dem gleichen Stand sind, fördern das Sprechenlernen enorm. Außerdem macht das Essen dann gleich viel mehr Spaß. Und es passiert nicht mehr, dass die gemeinsame Mahlzeit einfach ausfällt.

Morgens um sieben ...

Sich für die täglichen Mahlzeiten Zeit zu nehmen, ist nicht immer ganz einfach. Besonders morgens wird oft mit der Zeit gegeizt – mit dem Argument, dass so früh sowieso keiner Hunger hat. Wenn aber jeder seine feste Aufgabe hat – Kaffee kochen, Brötchen holen etc. – und sie von sich aus zur vereinbarten Zeit erledigt, gelingt es auch viel leichter, den Tisch gemütlich zu decken.

Wenn der Frühstückstisch schön aussieht, kommt der Appetit von selbst – und die gute Laune auch. Starten Sie mit den vorgeschlagenen Neuerungen zum Wochenende. Da geht's normalerweise nicht so hektisch zu, und alle haben wahrscheinlich mehr Sinn für einen Neubeginn.

Wie wäre es, wenn du am nächsten Wochenende mit deiner Familie ausmachst, wer beim Frühstück welche Aufgabe übernimmt? Mach zuerst eine Liste, was zu tun ist, und verteil sie dann. Weil du auf die Idee gekommen bist, darfst du dir zuerst die Aufgaben aussuchen, für die du zuständig sein willst. Eier kochen zum Beispiel – Eier legen gilt nicht!

Am Wochenende darf das Frühstück ruhig ausgedehnt werden und festlicher ausfallen. Kinder sind von bunter Tischdekoration oft ganz hingerissen.

Wenn du das Frühstück am Wochenende etwas verschönern möchtest, dann mal doch für jeden von euch ein Tischset. Auf ein Blatt Papier (DIN A3, oder zwei Blätter DIN A4 aneinander geklebt) malst du am Rand und in den Ecken Figuren aus einer Geschichte. Vielleicht schreibst du auf jedes Set noch den Namen. Die Mitte des Blattes lässt du frei – da steht dann beim Frühstück der Teller drauf. Jeder erzählt den anderen die Geschichte, die auf sein Set gemalt ist.

Dieses Spiel eignet sich für ein Frühstück, bei dem keiner auf die Uhr schauen muss.

Wie wär´s mit einem kleinen Wettbewerb? Die erste Frage könnte lauten: „Welche Tiere kennst du?“ (Oder: „Welche Vögel kennst du?“, „Welche Tiere leben auf dem Bauernhof?“, „Welche Autos kennst du?“) Reihum darf jeder ein Tier nennen und bekommt für jedes einen Chip (eine Rosine, eine Kirsche). Wem nichts einfällt, gibt weiter. Das Spiel ist zu Ende, wenn keiner mehr ein Tier weiß.

Mittagessen für viele Mäuse auf dem Mars

Wenn mehrere Kinder zu unterschiedlichen Zeiten nach Hause kommen, klappt ein gemeinsames Mittagessen vielleicht nicht auf Anhieb. Vielleicht kriegen Sie es ja mit den Freunden Ihres Kindes hin? Dabei darf es ruhig etwas turbulenter zugehen. Keine Angst, Ihr Kind wird auch in Gesellschaft nicht zu wenig essen! Dass alle zusammen den Tisch abräumen, ist selbstverständlich.

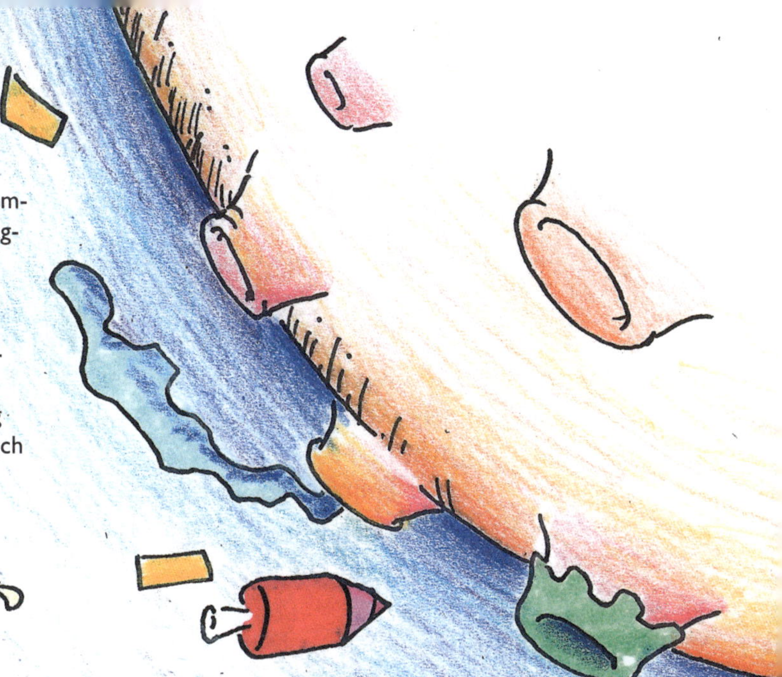

◎◎◎ So ein ganz normales Mittagessen zu Hause – das ist ja nichts Besonderes. Aber ein Picknick auf einem fernen Planeten – da haben die Lebensmittel total verrückte Namen. Auch die Lebewesen heißen ganz anders als auf der Erde. Und man muss sich erst zublinzeln, bevor man jemanden ansprechen darf!

Manchmal geht es hoch her, wenn viele Personen am Tisch sitzen. Damit wieder ein bisschen Ruhe einkehrt, spielen Sie dieses Spiel, schlägt Familie Betzer aus Pettendorf vor:

Kennst du „Stille Post"? Du wisperst deiner Tischnachbarin etwas ganz leise ins Ohr, zum Beispiel, dass dir die Bratkartoffeln prima schmecken. Die flüstert das dann ihrem Nebenmann zu – und so weiter. Mal sehen, welcher Satz beim Letzten in der Runde ankommt.

Eine gute Sprechgymnastik ist Saugen und Pusten, also das Benutzen von Strohhalmen, findet Frau Endruschat aus Rautrum. Es muss ja nicht gleich der ganze Tisch schwimmen.
Aber es macht einfach Spaß, ein bisschen im Glas zu blubbern oder vielleicht die Soße vom Teller abzusaugen. Auch Teller abschlecken und Kirschkerne weitspucken (im Garten) sollten ab und zu erlaubt sein.

Ist das Mittagessen fertig, benehmen sich alle wie Katzen und schlecken sich die Münder sauber. Wer hat die längste Zunge und kommt bis an die Nasenspitze?

Am Ende eines langen Tages

In den meisten Familien ist das Abendessen die Mahlzeit, bei der alle zusammenkommen. Der Tag ist fast vorbei, es gibt viel zu erzählen, zu besprechen und zu fragen.
Die folgenden Spiele eignen sich besonders dann, wenn ein Kind bei der Vielzahl der Gespräche und Themen nicht mitkommt und deshalb nur wenig spricht. Außerdem soll ja auch das Abendessen Spaß machen, sodass sich die Kinder auf diesen „Termin“ freuen.

◎◎◎ Nimm dir einen langen, dünnen Gegenstand, zum Beispiel einen Strohhalm oder einen Zahnstocher, und gib ihn mit dem Mund an deinen Nachbarn weiter. Wie oft schafft ihr die Runde, ohne ihn fallen zu lassen? Zur Belohnung schickt ihr euch dann gegenseitig Puste-Küsschen: auf die Handfläche küssen und zu jemandem hinpusten – je doller und leidenschaftlicher du schmatzt, umso besser!

Grundsätzlich macht es den Kindern Spaß, auch mal die Eltern zu korrigieren. Vereinbaren Sie einen Zeitraum (etwa 5 Minuten), in dem Sie absichtlich Fehler machen oder falsche Begriffe benutzen, und Ihre Kinder korrigieren Sie. Auch die Erwachsenen müssen sich konzentrieren, wenn sie zum Beispiel bei allen Wörtern, die mit G oder K beginnen, den ersten Buchstaben weglassen. Die Kinder müssen genau aufpassen, um den Fehler zu bemerken und die Eltern zu berichtigen.

Wie eine Menschenfamilie spricht, weiß jeder. Aber wie klingt das abendliche Gespräch bei den Raben? „Rabrabrab!" „Rab?" „Rabrab rabrab". Was könnte das bedeuten? Probiert es mal aus, euch etwas mitzuteilen. Außerdem gibt es ja noch die Entensprache (gack gackgack) und die Kuckuckssprache (kuckuck, kuckuck). Verstehen sich eigentlich Raben und Enten? Und wie ist es mit Enten und Kuckucks?

Für alle Spiele und Ideen zu den Mahlzeiten gilt: Sie ersetzen selbstverständlich nicht das ruhige und intensive Gespräch „ohne Nebenbeschäftigung Essen". Aber auch am Esstisch können Sie gemeinsam viel Spaß erleben und nebenbei etwas für die Sprache tun. Um zum Schluss noch die Frage in der Überschrift zu beantworten – die richtige Regel heißt natürlich: „Mit vollem Mund spricht man nicht!"

Aus Forschung und Praxis

Auf den folgenden Seiten kommen Fachfrauen und -männer zu unterschiedlichen Aspekten der kindlichen Sprachentwicklung zu Wort. Wegen der vielfältigen Standpunkte, die es zu diesem Thema gibt, weisen wir darauf hin, dass nicht alle Statements uneingeschränkt die Auffassungen der Herausgeber wiedergeben müssen.

Dr. Monika Rausch

Logopädin und Präsidentin des Deutschen Bundesverbandes für Logopädie (dbl)

Stimmt es, dass behandlungsbedürftige Sprach- oder Sprechstörungen in den letzten Jahren stark zugenommen haben?

Erst einmal muss man unterscheiden: Es gibt Kinder mit therapiebedürftigen Sprech- oder Sprachstörungen und Kinder, die nicht behandlungsbedürftig erscheinen, aber trotzdem einen Förderbedarf im Sinne besonderer Unterstützung haben. Sei es, dass sie Schwierigkeiten in einer mehrsprachigen Entwicklung haben, sei es, dass sie sich am unteren Ende der Verteilung sprachlicher Begabung bewegen oder ein Risiko für eine Schriftspracherwerbsstörung aufweisen. Alle Kinder eines Jahrgangs, deren sprachliche Fähigkeiten bei Schuleintritt von der Norm abweichen, werden unabhängig von Vorgeschichte oder Verursachung in der Statistik unter einer Prozentzahl zusammengefasst.
In der Tat deuten zahlreiche wissenschaftliche Untersuchungen und die Statistiken vieler Schulämter darauf hin, dass etwa ein Viertel der Vorschulkinder Probleme mit der Sprachentwicklung haben, die sie nicht alleine bewältigen können.
Allerdings ist kritisch anzumerken, dass es derzeit in Deutschland noch keine verlässlichen empirischen Daten gibt, die einen Anstieg echter Sprachentwicklungsstörungen nachweisen. Die derzeitige Diskussion um die Zunahme der Störungen ist eher hypothetisch als wissenschaftlich begründet und zeigt, dass – insbesondere seit der Veröffentlichung der PISA-Studie im Jahre 2001 – in Kindergarten, Schule und Elternhaus eine hohe Sensibilität für die Entwicklung von Sprache vorhanden ist.

Was sind die häufigsten Störungen und in welchem Alter treten sie verstärkt auf?

Häufigste Sprach-/Sprechstörung ist die Störung der Lautentwicklung (Aussprachestörungen, phonetisch-phonologische Störungen, früher: Dyslalie), die nach Erhebungen des dbl bei 70 Prozent aller Kinder in freier Praxis behandelt wird. Dabei kommt es entweder zu Abweichungen im Erwerb des Lautinventars bzw. im Gebrauch der Sprachlaute (wenn Kinder beispielsweise nicht bemerken, dass sie einen bestimmten Laut nicht zur Verfügung haben) oder zu Störungen der sprechmotorischen Ausführungen (wenn Kinder die notwendigen Bewegungen nicht richtig ausführen und deshalb einen falschen Laut aussprechen). Aussprachestörungen, die als Lautfehlbildungen in der Sprache des Kindes meist schnell zu erkennen sind, können von Fachleuten unterschieden und entsprechend unterschiedlich behandelt werden. Die Lautentwicklung steht am Beginn der Sprachentwicklung, sodass aufgrund der vorliegenden Kenntnisse zum Ablauf der Lautentwicklung heute schon relativ früh erkannt werden kann, ob das Kind diesbezüglich Probleme bekommt oder nicht.

Welche Rolle spielen Eltern?

Eltern können die sprachliche Entwicklung ihrer Vorschulkinder relativ einfach dadurch unterstützen, dass sie viel mit ihnen sprechen, ihnen zuhören, sich Zeit für Klatsch- und Reimspiele, gemeinsames Singen usw. nehmen. Anregungen hierfür gibt es in diesem Buch reichlich. Aber auch für Kinder im Grundschulalter ist es wichtig, dass ihre Eltern sich intensiver Zeit nehmen für eine Unterhaltung oder gemeinsame Aktivitäten, sich Probleme erzählen lassen, ihnen Hilfe bei schriftlichen Arbeiten anbieten. Die Schule sollte frühzeitiger als bisher Probleme des Lese-

und Schreiberwerbs gegenüber den Eltern thematisieren, das Problem nicht in das dritte und vierte Schuljahr vertagen, weil dann die Kinder ein Vielfaches an zusätzlichen Problemen bekommen. Optimal wäre eine reguläre Beratung sowohl im Vorschul- als auch im Grundschulalter durch entsprechende Fachkräfte, die bei Bedarf auch Einzelförderung anbieten könnten.

Was müsste nach Meinung der Logopäden getan werden, um Sprachentwicklungsstörungen zu vermeiden?

Optimal wäre eine Art „Präventionsnetzwerk", das alle Kinder im Vorschulbereich erfasst. Dazu gehört z. B. ein Neugeborenen-Hörscreening, um Kinder mit Hörschäden so früh wie möglich zu erfassen, die Erweiterung der pädiatrischen Vorsorgeuntersuchungen, vor allem eine Untersuchung zum Zeitpunkt der „sprachsensiblen Phase" zwischen dem zweiten und dritten Lebensjahr, Kindergarteneingangsuntersuchungen zur Sprachentwicklung, insbesondere für Kinder, die zweisprachig aufwachsen. Ganz wichtig erscheint aber auch eine bessere Ausbildung der Erzieherinnen in diesen Fragen sowie eine umfangreiche Elternberatung durch Fachleute, gerade auch für den Fall, dass die Kinder gefährdet erscheinen. In diesem Zusammenhang wäre es außerordentlich hilfreich, wenn der pädagogische und der medizinische Sektor noch enger zusammenarbeiten könnten.

Die Frage, wie früh Kinder mit Sprachproblemen behandelt werden sollten, wird sehr kontrovers diskutiert. Was sagen Logopäden dazu?

Aufgrund der derzeit vorliegenden Daten zum Verlauf der kindlichen Sprachentwicklung ist die Einschätzung einer sich abzeichnenden Sprachentwicklungsstörung relativ früh möglich. Kinder, die im ersten Lebensjahr keinen Blickkontakt aufnehmen, d. h. ihre Mutter nicht anschauen oder nicht auf Ansprache reagieren, werden Sprachprobleme bekommen. Dementsprechend bedürfen die Kinder und ihre Eltern bereits zu diesem Zeitpunkt einer gezielten Unterstützung.

Die Kenntnisse über Zusammenhänge zwischen allgemeiner kindlicher Entwicklung und Sprachentwicklung sind von herausragender Bedeutung bei der Beurteilung und geben zusätzliche Hinweise auf eine mögliche Gefährdung des Kindes. Daraus folgt, dass neben Kindern mit Behinderungen auch diejenigen Kinder, die ganz offensichtlich sehr viel langsamer als andere ihre Entwicklung meistern, ohne dass hierfür die Gründe offen liegen, einer besonderen Aufmerksamkeit bedürfen.
Jedes Kind ist zu jedem Zeitpunkt seiner Entwicklung therapiefähig, d. h. von entscheidender Bedeutung für den Erfolg der Therapie ist die Auswahl der dem Kind angemessenen Therapiemethoden. Je früher ein Kind in seiner Entwicklung unterstützt wird, je früher Eltern sachgerecht über das Entwicklungspotenzial ihrer Kinder und ihre eigenen Fähigkeiten zur Unterstützung des Spracherwerbs aufgeklärt werden, desto eher lässt sich das Entstehen einer Sprachentwicklungsstörung verhindern.
Das Abwarten bis zum „Abschluss" der Sprachentwicklung im Alter von 4 Jahren hat fatale Folgen. Z. B. für die Kinder, die bis zu diesem Zeitpunkt nicht alle Laute erworben haben. Kinder im Alter von 2 Jahren verfügen über ca. 250 bis 400 Wörter; im Alter von 4 Jahren umfasst der Wortschatz hingegen schon zwischen 2000 und 2500 Wörter, die dann je nach Lautentwicklungsstörung fehlerhaft vom Kind gelernt worden sind. Je länger eine Lautstörung vorliegt, desto mehr Wörter werden im Lexikon fehlerhaft gespeichert, desto schwieriger und langfristiger wird die Therapie mit dem Kind sein, da alle diese Wörter neu gelernt werden müssen.

Silvia Stevens-Pelz

Logopädin und Familientherapeutin

Wie sieht die Ausbildung einer Logopädin / eines Logopäden aus?

Unsere Ausbildung an speziellen Logopäden-Lehranstalten oder Hochschulen dauert sechs Semester und schließt mit einem Staatsexamen oder Diplom ab. Es wird Wissen aus den Bereichen Medizin, Psychologie und Pädagogik vermittelt. Begleitend führen die Studentinnen und Studenten eigene Therapien unter logopädischer und psychologischer Supervision in Kindersprache, Stottern, Aphasie, Stimme und bei Schluck- und Hörstörungen durch.
Diese Kombination von Theorie und Praxis ermöglicht es, schon in der Ausbildung Therapieerfahrung und -kompetenz zu entwickeln. Logopädinnen und Logopäden arbeiten in unterschiedlichen Institutionen wie in Frühfördereinrichtungen, Rehabilitationskliniken etc. sowie in eigenen Praxen. Ich selbst habe mich kontinuierlich weitergebildet, da in vielen Bereichen aufgrund neuer Forschungsergebnisse immer auch neue Behandlungsansätze entwickelt wurden. Das heißt, dass wir damit noch differenzierter für jeden Patienten und jede Patientin das geeignete Konzept zusammenstellen können. Durch meine zusätzliche Ausbildung als Familientherapeutin ist es mir möglich, Störungen ganzheitlich-systemisch zu betrachten und damit in der Eltern- und Familienberatung Unterstützung und Hilfe zur Selbsthilfe geben zu können.

Wie gehen Sie konkret vor, wenn Eltern mit ihrem Kind zum ersten Mal zu Ihnen kommen?

Zunächst wenden sich die Eltern mit ihrem Anliegen an den behandelnden Arzt / die behandelnde Ärztin. In den meisten Fällen suchen die Eltern entweder einen Kinderarzt oder einen Hals-Nasen-Ohrenarzt auf. Im Vorfeld wird durch ein Audiogramm (Höruntersuchung) festgestellt, ob das Kind in diesem Bereich eine Beeinträchtigung aufweist, die sich auf die kindliche Sprachentwicklung auswirkt und damit zunächst behandlungsbedürftig ist. Verlegungen des Nasen-Rachenraumes oder häufig wiederkehrende Mittelohrentzündungen sind immer wieder mitverursachend für Verzögerungen in der Sprachentwicklung.
Die Eltern kommen mit einer Verordnung des Arztes / der Ärztin zu mir. Bei Lese-Rechtschreibschwächen, bei denen keine Wahrnehmungsstörung des Hörens diagnostiziert wird, müssen die Eltern die Kosten in der Regel selbst tragen.
In einem ausführlichen Gespräch mit den Eltern wird die gesamte bisherige Entwicklung des Kindes betrachtet. Anschließend erfolgt eine umfassende Diagnostik. Ist das Kind noch sehr jung, wird diese orientierend durchgeführt, bei älteren Kindern gibt es zahlreiche standardisierte Verfahren, die entsprechend der Beeinträchtigung eingesetzt werden.
Es folgt ein Beratungsgespräch, um mit den Eltern die Ergebnisse zu erörtern, ihnen erste Möglichkeiten für eine Förderung in ihrem häuslichen Rahmen zu geben, Therapiemöglichkeiten in Einzel- und Gruppensitzungen aufzuzeigen sowie Therapieschwerpunkte gemeinsam festzulegen.
Abhängig vom Befund empfehle ich auch weitere diagnostische Maßnahmen wie zum Beispiel Vorstellung bei Ergotherapeuten, Kieferorthopäden.

Und wie sieht dann die Therapie im Einzelnen aus?

Das von mir individuell erstellte Konzept berücksichtigt das Alter, die vorliegende Beeinträchtigung und das aktuelle Verhalten. Da Kinder durch Begreifen und Imitation lernen, werden deshalb die Ziele besonders bei Vorschulkindern in der Handlung und im Spiel angegangen. Bei Sprachentwicklungsverzögerungen behandeln wir ein bestimmtes Thema. Dabei geht es um verschiedene Ziele wie die Förderung des Sprachverständnisses, die Erweiterung des Wortschatzes, die Entwicklung des Satzbaus und der Laute. Aber auch die Motorik des Gesichts-Mundbereiches oder das Schluckmuster kann behandlungsbedürftig sein sowie die Fähigkeit Gehörtes und Gesehenes zu behalten. Lern- und Gedächtnisstrategien werden mit älteren Kindern bewusst erarbeitet, auch im Hinblick auf ihre Stärken, die sie z. B. im Schulalltag gezielt nutzen können.

Welcher Zusammenhang besteht zwischen der motorischen Entwicklung sowie dem Verhalten des Kindes und seiner Sprachentwicklung?

Stellen Sie sich die gesamte Entwicklung eines Kindes vor wie eine Zugfahrt: Es ist nicht möglich, wichtige Stationen seiner Entwicklung zu überspringen. Während sich im Säuglings- und frühen Kleinkindalter zunächst die grobmotorischen Fähigkeiten entwickeln, folgen später die feinmotorischen.
Sprache ist in gewisser Hinsicht auf der obersten Stufe dieser Entwicklung angesiedelt. Hat ein Kind in der Grob- und/oder Feinmotorik Schwierigkeiten, dann müssen diese mitbehandelt werden, weil sie quasi die Voraussetzung für den Spracherwerb bilden.
Ich hole das Kind also dort ab, wo es auf seiner „Entwicklungsreise" gerade angekommen ist. Wir vollziehen in der Therapie gewissermaßen die ganze Reise von dieser „Station" aus nach. Denn das Sprechen selbst ist ja ein motorischer Vorgang, und zwar ein sehr differenzierter. Eine Sprachtherapie, die Defizite im motorischen Bereich außer Acht lässt, kann nicht erfolgreich sein.
Das Verhalten und die kommunikative Kompetenz sind weitere wichtige Faktoren. Immer wieder erleben wir Kinder, die Sprache im Imitationsprozess nicht annehmen und sich auch aufgrund dessen nicht ausreichend weiterentwickeln. Wenn wir an die Säuglingszeit denken, lautieren die Säuglinge und spielen hörbar mit Mund und Stimme. Eltern imitieren ihre Kinder, oft „antwortet" das Kind mit weiteren Lautierungen. In dieser Kommunikation zeigt sich dann, ob das Kind von den Eltern die Wörter, die sie ihm anbieten, annimmt. Im Bereich der Laute kann es vorkommen, dass z. B. sehr zurückhaltende Kinder einzelne Laute nicht entwickeln oder dass sich Konflikte innerhalb der Familie im Sprach- und Sprechverhalten ausdrücken.

Wie lange dauert in der Regel eine umfassende logopädische Behandlung?

Das ist natürlich individuell unterschiedlich. Als Richtwert gehen wir bei der Behandlung eines Lautbildungsfehlers von 15 bis 20 Sitzungen aus. Eine Therapie bei einem Kind mit einer Sprachentwicklungsverzögerung, -störung oder -behinderung kann Jahre dauern.

In welchem Alter sollte idealerweise mit einer Therapie begonnen werden?

So früh wie möglich: Bei Behinderungen kann es sinnvoll sein zwischen dem 4. und 6. Lebensmonat zu beginnen. Bei einer Verzögerung oder Störung in der Sprachentwicklung sollten die Kinder mit 2 1/2 bis 3 Jahren vorgestellt werden. Bei Lautbildungsfehlern kommt es auf die betroffenen Laute an. Manche Laute sollte ein Kind mit 4 Jahren sprechen können, andere entwickeln sich um das 5. Lebensjahr.
Je später mit einer Sprachentwicklungstherapie begonnen wird, umso länger ist der Weg, den wir gemeinsam nachzuholen haben.

Welche Empfehlungen geben Sie für einen sprachfördernden Umgang mit Kindern?

Neben dem jedem Kind innewohnenden genetischen Programm lernt das Kind durch Zuhören, Imitieren und Spielen.
Wir Erwachsene sollten deshalb eine altersangemessene Sprache verwenden, bei sehr kleinen Kindern also langsamer sprechen, um ihnen Zeit zu geben Sprache zu erfassen. Wir sollten uns deutlich und in kürzeren, einfacheren Sätzen ausdrücken. Gerade ausgeführte Handlungen sollten kommentiert werden, das Kind mit einbezogen werden. Lernen geht am leichtesten, wenn Kinder es im wahrsten Sinne des Wortes begreifen können, wenn möglichst viele Sinnesqualitäten einbezogen sind. Nicht zu vergessen die Bilderbuchbetrachtung. Hier hat das Kind ausreichend Zeit, sich intensiv mit einer Seite

eines Buches zu befassen, zu hören, wie der / die Erwachsene das bezeichnet, was es da sieht, Fragen zu stellen und vor allem dies oft zu wiederholen. Das ist wichtig für die Entwicklung des Gedächtnisses und der Strategien, um Gehörtes und Gesehenes behalten zu können. Insgesamt wirkt sich ein liebevolles und konsequentes Verhalten der Eltern positiv auf die gesamte Entwicklung des Kindes aus. Kinder brauchen Annahme, Sicherheit, Geborgenheit und Orientierung. Sie brauchen Grenzen, nicht um sie einzuschränken, sondern um ihnen die notwendige Sicherheit und Orientierung zu geben.

Welche besonderen Schwerpunkte weist Ihre Arbeit auf, woran erkennt man eine gute Therapeutin?

In unserer Informations- und Kommunikationsgesellschaft kommt der Kommunikationsfähigkeit eine besondere Bedeutung zu. So sind besondere Schwerpunkte bei von Sprech-, Sprach-, Stimm-, Hör- und Schluckstörungen betroffenen Kindern der Erwerb einer altersgerechten Kommunikationsfähigkeit; bei Erwachsenen ist dies der Wiedererwerb oder Erhalt der Kommunikationsfähigkeit, auf verbaler und/ oder nonverbaler Ebene.
Es ist wichtig, sich kontinuierlich fortzubilden. Aufgrund der Weiterentwicklung in der Forschung gibt es die Notwenigkeit, sich immer wieder auf den neuesten Wissensstand zu bringen, neue Behandlungskonzepte kennen zu lernen, um noch auf mehr Möglichkeiten in der individuellen Planung und Durchführung einer Therapie zurückgreifen zu können.
Für den Erfolg einer Therapie ist der Ausbildungsweg der Therapeutin / des Therapeuten sicher nicht das wichtigste Kriterium. Eltern sollten ein gutes Gefühl haben, sie sollten davon überzeugt sein, dass ihr Kind gut aufgehoben ist.

Silvia Stramitzer-Herbert

Sprachtherapeutin

Wie sieht Ihre Ausbildung aus?

Sprachtherapeuten sind zunächst einmal Diplom-Pädagogen. Ich habe an der Universität Sonder- und Heilpädagogik mit der Fachrichtung Sprachheilpädagogik studiert. Psychologie, Medizin und Soziologie sind weitere Schwerpunkte. Nach Abschluss des Studiums ist eine zweijährige Arbeit in einer logopädischen oder sprachtherapeutischen Praxis erforderlich, um sich selbstständig als Sprachtherapeutin niederlassen zu können.

Wie gehen Sie vor, wenn Eltern mit ihrem Kind zu Ihnen kommen?

In aller Regel überweist eine Kinder- oder Hals-Nasen-Ohrenärztin das Kind in meine Praxis. Eltern wenden sich allerdings auch direkt an mich, um ein erstes Gespräch zu führen. Für eine gezielte Therapie ist aber das ärztliche Rezept notwendig.
Dann ermittle ich den sprachlichen Stand des Kindes. Ich animiere es über Spiele oder Bilder zum Sprechen und beobachte es genau. Wichtig ist auch, was die Eltern über die bisherige Entwicklung des Kindes in Bezug auf die Motorik, die Wahrnehmung und das Verhalten mitteilen. Ziel dieser Erstbehandlung ist die Bestimmung des Symptombildes, also der Erscheinungsform der Sprachstörung, und ein Ausblick auf die Therapie. Bei umfangreichen Sprachentwicklungsverzögerungen ist dafür natürlich eine längere Beobachtungszeit erforderlich.

Wie sieht eine Therapie im Einzelnen aus?

Jedes Kind bekommt eine individuelle Therapie mit ganzheitlichem Ansatz. Ich betrachte dabei nicht nur das Kind mit seiner Sprachstörung, sondern in seiner gesamten Entwicklung. Bei den verschiedensten Spielen, Bewegungs- und Geschicklichkeitsübungen beobachte ich, ob auch in anderen Bereichen Defizite bestehen. Meist lässt sich nämlich ein Zusammenhang zwischen den konkreten Sprachentwicklungsverzögerungen und weiteren, oft weniger ins Auge fallenden Störungen feststellen. Häufig ist die gesamte Körperwahrnehmung der Kinder gestört. Sie können dann zum Beispiel nicht unterscheiden, ob sich ein Gegenstand im Raum vor, hinter oder neben ihnen befindet. Manche haben auch Probleme mit dem Gleichgewicht oder mit der Wahrnehmung von Sinneseindrücken über die Haut. Manchmal ist das Auge-Hand-Zusammenspiel gestört: Die Kinder haben zum Beispiel Probleme, eine Kette aufzufädeln, oder sie können keinen Ball fangen.
Bei der Auswahl der Therapieform berücksichtige ich alle diese Beobachtungen und entwickle für jedes Kind spezielle Übungen und Spiele, die seine Entwicklung und Persönlichkeit fördern und stärken. Es soll Erfolge erleben und Bestätigung sowie Lob erfahren, sodass sein Selbstwertgefühl gestärkt wird.

Sie sitzen dem Kind nicht am Tisch gegenüber und machen Sprachübungen vor dem Spiegel?

Solche Übungen können für bestimmte Kinder zwar ein Bestandteil der Therapie sein. Mein Praxisalltag sieht aber anders aus:
Ich setze gezielte Übungen und Spiele ein, um die Sinne anzuregen, die Körperwahrnehmung und die Motorik zu fördern. Zur Therapie können also Bürstenmassagen ebenso gehören wie gezielte Sprachspiele. Wenn ich extreme Defizite im motorischen Bereich feststelle, rate ich den Eltern zusätzlich zu gezielter Krankengymnastik oder Ergotherapie.
Die Sprachentwicklung ist gewissermaßen die höchste Stufe einer ganzen Reihe von Entwicklungen, die ihr voraus- oder mit ihr einhergehen. Bestehen Defizite oder Störungen in einem

oder in mehreren dieser nicht-sprachlichen Bereiche, dann ist deren Aufarbeitung sozusagen die Voraussetzung für den Erfolg der Sprachtherapie. Deshalb der ganzheitliche Ansatz.

Wie lange dauert in der Regel eine sprachtherapeutische Behandlung?

Die Dauer einer Therapie ist abhängig von dem Störungsbild und der Mitarbeit des Kindes und der Eltern, pendelt aber zwischen zehn Einheiten und einigen Jahren Therapiezeit.

In welchem Alter sollte idealerweise mit einer Therapie begonnen werden?

Eine Störung verfestigt sich immer mehr, je länger das Kind mit diesem Störungsbild spricht. Für eine möglichst frühe Behandlung spricht auch, dass Eltern und Kinder umso mehr unter Zeitdruck geraten, je näher der Einschulungstermin rückt. Eine entspannte Situation in der Therapie ist so unmöglich.
Bis zum vollendeten 4. Lebensjahr sollte der Lauterwerb und das Erlernen grammatikalischer Strukturen abgeschlossen sein. Fachlicher Rat ist gefragt, wenn danach Symptomatiken wie starkes Lispeln fortbestehen, das im Alter von zwei oder drei Jahren völlig unauffällig ist.
Bei besonders umfangreichen Symptomatiken können Eltern ihr Kind sogar schon früher vorstellen, da oft lange Wartezeiten auf einen Therapieplatz bestehen. Unter Umständen bekommen Eltern dann Anregungen, das Sprechen ihres Kindes zu fördern, sodass eine aufwendige Therapie überflüssig wird.

Welche Empfehlungen geben Sie für einen sprachfördernden Umgang mit Kindern?

Langsam und deutlich sprechen! Besonders anfangs, wenn das Kind noch Schwierigkeiten hat, sich auszudrücken, ist es wichtig, ruhig und freundlich abzuwarten, bis es seine Aussage beendet hat. Korrekturen sollten niemals direkt als „Verbesserung“ formuliert werden. Nehmen Sie vielmehr die Aussage des Kindes auf und geben Sie sie in Ihren eigenen Worten wieder. Toll ist auch, wenn Eltern es schaffen, die zahlreichen Situationen bewusst zu nutzen, die sich im Alltag mit einem Kind ergeben. Einen Kuchenteig gemeinsam herzustellen kann zu einem Erlebnis mit zahlreichen Gesprächsanlässen werden – vorausgesetzt, das Kind darf sich dabei kindlich verhalten.
Ich halte diese kleinen Dinge im täglichen Umgang mit dem Kind für das wesentliche Kriterium einer erfolgreichen Sprachentwicklung. Wollen Eltern ihr Kind darüber hinaus gezielt fördern, sollte das nicht in einer gespannten Lernatmosphäre erfolgen. Das Wichtigste ist die Freude am Sprechen. Kleine Sprachspiele können immer wieder eingeflochten werden. Sogar Übungen zur Verbesserung der Mundmotorik können sie spielerisch und ganz „natürlich“ durchführen: Beim Knabbern einer Salzstange ohne die Hände werden zum Beispiel Lippen und Zunge trainiert, genauso beim Trinken mit Strohhalm, bei Seifenblasen oder beim Pusten von Wattebällchen.
Der Umgang mit Medien wie TV, Computer oder Gameboy sollte zeitlich begrenzt sein, da dabei die sprachliche Förderung in den Hintergrund tritt und ein Dialog nicht möglich ist.

Welche Schwerpunkte weist Ihre Arbeit auf, und woran erkennt man eine gute Therapeutin?

Ein besonderes Merkmal von Sprachtherapeuten ist sicher der erweiterte Blickwinkel, der sich aus dem Wissen um den Einfluss von psychologischen Aspekten und Sozialstrukturen ergibt. Ich denke, dass sie auch im Allgemeinen stark an interdisziplinärer Arbeit interessiert sein sollten.
In unserem Beruf kommt es neben der Ausbildung ganz wesentlich auf die Persönlichkeit und die individuelle Arbeit an. Eine „gute Therapeutin“ fördert das Kind in seiner gesamten Entwicklung und arbeitet mit seinen Bezugspersonen zusammen.
Wichtig ist für mich, dass sich das Kind in der Therapiesituation wohl fühlt. Regelmäßige Fortbildungen erweitern den Horizont und die Arbeitsweise und wirken sich somit positiv auf die Vorgehensweise aus.

Prof. Dr. med. Manfred Heinemann

Klinik für Kommunikationsstörungen der Universitäts-Klinik Mainz (i.R.)

Kommunikationsexperten stellten in den vergangenen Jahren zunehmend Sprachentwicklungsverzögerungen bzw. -störungen bei Kindern fest. Was bedeuten diese Begriffe genau?

Phoniater und Pädaudiologen (Ärzte für Stimm-, Sprach- und kindliche Hörstörungen) unterscheiden drei Untergruppen von Sprachentwicklungsauffälligkeiten:
1. Sprachentwicklungsstörungen und -behinderungen als Symptom einer Grunderkrankung (z. B. bei frühkindlichen Hirnschäden, Hörstörungen, Syndromen usw.),
2. Spezifische Sprachentwicklungsstörungen als eigenständiges Krankheitsbild (überwiegend kombiniert mit Teilleistungsstörungen),
3. Sprachentwicklungsverzögerungen als Folge soziokultureller Faktoren.
Nur wenn Defizite oder Auffälligkeiten in drei der vier Sprachebenen Sprachverständnis, Lautbildung, Wortschatz und Satzbau festzustellen sind, handelt es sich um eine Sprachentwicklungsstörung bzw. -verzögerung.

Wie häufig sind Spracherwerbsstörungen?

Wir haben zwischen 1988 und 1992 bei rund 23% der einsprachig deutschen Kinder im Alter von 3 1/2 bis 4 Jahren aus Kindergärten in Mainz und Rheinhessen eine Sprachentwicklungsverzögerung festgestellt, davon bei je einem Viertel mittelschwere bzw. schwere Störungen. Mitte der siebziger Jahre hatten nur etwa 4% der drei- bis vierjährigen Kinder behandlungsbedürftige Sprachentwicklungsrückstände. Bei einer Wiederholung dieser Untersuchungen in fast allen Kindergärten der Stadt Mainz im Jahr 2001 hatten wiederum 20,3% der einsprachig deutschen dreieinhalb- bis vierjährigen Kinder eine Sprachentwicklungsverzögerung. Zusätzlich zeigten sich bei 16,5% der Kinder Lautbildungsstörungen (Dyslalien), die bei 4% aller Kinder gleichfalls behandlungsbedürftig waren.

Parallel zu diesen Untersuchungen beurteilten wir im Rahmen einer Forschungsarbeit in Kindergärten der Stadt Wiesbaden die Sprachentwicklung bei Vorschulkindern im Alter von 4 bis 6 Jahren. Auch in diesem Alter hatten noch 17,4% der einsprachig deutschen Kinder therapiebedürftige Sprachentwicklungsauffälligkeiten, und bei mehrsprachigen Kindern waren dies sogar 60,7%.

Warum ist diese Zahl in den vergangenen Jahren so alarmierend gestiegen?

Zwar haben die Hörstörungen als eindeutig medizinische Ursachen etwas zugenommen. Aber allgemein ist zu beobachten, dass in Familien mit Kindern weniger als früher gesprochen wird, eine Auswirkung der veränderten Lebensbedingungen im Zeitalter der Medien- und Informationsgesellschaft. Erzieher sind überfordert von dem rasanten gesellschaftlichen Wandel und von zu großen Gruppen, die Eltern vom Wandel des Berufslebens und seinen Auswirkungen auf die Familie.
Entscheidend ist das Zusammenwirken mehrerer soziokultureller Faktoren: die familiäre Situation (sprachliche Aktivität anregende oder überbehütende oder „sprachlose", schweigende Eltern), die Lebensbedingungen und das Umfeld (fehlende Spielmöglichkeiten und -gefährten) sowie die psychischen Entwicklungsbedingungen eines Kindes (wie viel Zuwendung es erfährt, inwiefern es Sprache vorwiegend passiv erlebt, etwa durch unreflektierten Fernsehkonsum).

Welche Qualifikation bringen Sie als Phoniater mit? Wie gehen Sie konkret bei Ihrer Behandlung vor?

Die Phoniatrie war lange Zeit ein Teilgebiet der Hals-Nasen-Ohrenkunde und ist seit 1992 ein selbstständiges klinisches Fachgebiet. Phoniater sind durch eine fünfjährige Facharztweiterbildung Spezialisten für Stimm-, Sprech-, Sprach-, Hör- und Schluckstörungen. Phoniater und Pädaudio-

logen arbeiten an Kliniken oder in eigener Praxis und sind vor allem für die intensive medizinische Diagnose, die Festlegung der Therapieinhalte und für die Therapieverlaufs- und Erfolgskontrollen zuständig.
Die genaue Diagnose der Ursachen, insbesondere eine Hörprüfung ist die wichtigste Grundlage jeder anschließenden Behandlung und erfordert eine komplexe Betrachtung der gesamten Entwicklung eines Kindes, inklusive möglicher Störungen auf nicht-sprachlicher Ebene, z. B. visuelle Wahrnehmung, Motorik, intellektuelle Fähigkeiten und Gedächtnisleistungen. Aus den Befunden leiten sich dann die Richtlinien zur individuellen Behandlung ab, die in ihren Schwerpunkten den vier Phasen der physiologischen Sprachentwicklung: Sprachverständnis, Lautbildung, Wortschatz und Grammatik folgt und umso spielerischer abläuft, je kleiner das Kind ist. Um dessen Bereitschaft zur Mitarbeit zu fördern, muss der Therapeut es auch in solchen Bereichen ansprechen, in denen gar keine Störung vorliegt.

Wie lange dauert in der Regel die Behandlung von Sprachentwicklungsverzögerungen?

Das hängt von den Ursachen und dem Grad der Störung, aber auch von der Kooperationsfähigkeit und -bereitschaft des Kindes ab. Manchmal reicht eine umfassende Beratung der Eltern. Viele Störungen sind nach etwa 30 bis 40 Behandlungen behoben oder wesentlich gebessert. Falls nicht, muss ein Phoniater eine erneute Begutachtung vornehmen. Wenn vor der Einschulung noch wesentliche Defizite in der Sprachentwicklung vorhanden sind oder andere Fördermaßnahmen nicht ausreichen, geben Mediziner die Empfehlung, ein Kind in eine Sprachheilschule (Sonderschulen für Sprachbehinderte) einzuschulen.

Bis zu welchem Lebensjahr sollten Sprachentwicklungsverzögerungen behandelt werden?

Ein Kind im Alter von 3 bis 4 Jahren beherrscht die Umgangssprache weitgehend. Es kann alle einfachen Sätze korrekt bilden und kleine Geschichten und Erlebnisse verständlich erzählen – mit ersten Nebensatzkonstruktionen. Leichte grammatische Fehler und Fehlbildungen der Zischlaute (Lispeln) können noch vorkommen.

Folgende Hinweise können auf Sprachentwicklungsstörungen deuten: Wenn

1. das Kind zwischen dem 6. und 9. Lebensmonat verstummt, d. h. das Lallen seltener wird und es nicht auf Geräusche reagiert, kann eine gravierende Hörstörung vorliegen
2. Ihr Kind mit 1 bis 1 1/2 Jahren noch kein Wort spricht, weder versucht Wörter nachzuahmen noch Aufforderungen versteht,
3. ein Kind mit 1 1/2 bis 2 Jahren keine Zweiwortsätze spricht, sein Wortschatz weniger als 50 Wörter umfasst, seine Sprachäußerungen unverständlich sind, weil fast alle Laute verstammelt, also nicht korrekt gebildet werden,
4. der Wortschatz des Kindes mit 2 bis 3 Jahren weniger als 100 Wörter umfasst, es keine Mehrwortsätze bilden und auch einfache Fragen nicht verstehen kann oder die Lautbildung bei vielen Lauten gestört ist.

Stellen Eltern fest, dass ihr Kind solche Probleme mit dem Sprechen hat, sollten sie den Kinderarzt aufsuchen und in jedem Fall eine Hörprüfung durchführen lassen.
Bei Abweichungen von mindestens sechs Monaten im Vergleich zur durchschnittlichen physiologischen Sprachentwicklung ist eine eingehende Diagnostik notwendig. Nicht in jedem Fall muss unbedingt eine Sprachtherapie erfolgen, wenigstens aber eine Förderung der betroffenen Kinder unter gründlicher Einbeziehung der Eltern. Da Verzögerungen in der Sprachentwicklung gerade in der Schule Benachteiligung und neue Probleme verursachen, ist es entscheidend, die Kinder bereits im Vorschulalter angemessen zu unterstützen und die Störung vor dem Schuleintritt zu beheben.

Wie können Eltern ihre Kinder beim Spracherwerb, insbesondere in den ersten Lebensjahren, unterstützen?

Eltern sollten so viel wie möglich mit ihren Kindern reden, sich mit ihnen unterhalten und austauschen. Überbehütende Eltern überschütten ihre Kinder häufig mit Erwachsenensprache: Sie sprechen ständig, die Kinder hören nur zu, sind also in einer passiven Rolle und werden förmlich erstickt. Notwendig ist aber ein echter Austausch, bei dem das Kind und der Erwachsene die Rollen wechseln, also jeder einmal zuhört und einmal spricht.

Maja Regenbogen

Atem-, Sprech- und Stimmlehrerin nach der Methode Schlaffhorst-Andersen

Wie sieht Ihre Ausbildung aus?

Die Ausbildung dauert sechs Semester einschließlich eines externen Praktikum-Semesters. Sie umfasst eine umfangreiche medizinische Ausbildung, Sprachbehindertenpädagogik, Pädagogik und Psychologie, methodisch-didaktische und musische Fähigkeiten sowie die Fächer der Schlaffhorst-Andersen-Methode. Diese wurde von Clara Schlaffhorst und Hedwig Andersen entwickelt und beruht auf den Wechselwirkungen von seelisch-geistig-körperlichen Vorgängen: Atmung, Bewegung, Stimme und Sprechausdruck.

Was passiert konkret bei der Behandlung der Kinder? Wie gehen Sie vor?

In der Regel kommen die Eltern bereits mit einer Überweisung und ersten Diagnose des Kinder- oder des Hals-Nasen-Ohrenarztes – nachdem er geklärt hat, ob das Kind richtig hört. Denn mehr als 50 Prozent der Kinder mit Schwierigkeiten beim Sprechen haben auch ein Problem mit dem Hören.
Ich mache zunächst bei einem Kind mit beispielsweise Dyslalie eine spielerische Lautprüfung, indem ich Bilder vorlege und frage: „Was ist das?" Unter jedem Bild notiere ich die Aussprache des Kindes. Der Lautprüfbogen beginnt mit leichten und endet mit schwierigen Lauten. Anhand der Bilder zu „Kirsche" und „Kirche" stelle ich fest, ob ein Kind den Unterschied zwischen „ch" und „sch" erkennen und artikulieren kann.
Bei Dysgrammatismus z. B. ermuntere ich das Kind, Dinge zu beschreiben und zu erzählen. Kuscheltiere lasse ich zu ängstlichen und schüchternen Kindern sprechen, um ihnen die Hemmungen zu nehmen. In der anschließenden ersten Schnellauswertung der Tests halte ich fest, was das Kind schon alles kann – das sage ich ihm gleich, um sein Selbstwertgefühl zu stärken.
Ich beobachte auch die Interaktion zwischen Kind und Eltern und gebe ihnen Hinweise, wo und wie sie ihr Kind zu Hause unterstützen können, was sie beispielsweise mit ihm spielen sollten. Keinesfalls dürfen sie das Kind verbessern, wenn es beim Sprechen Fehler macht, oder es anderweitig unter Druck setzen. Sonst fühlt sich das Kind ertappt und bloßgestellt. Sprache ist etwas sehr Persönliches und Intimes. Wenn der Inhalt des Gesagten zu verstehen war, reicht das zunächst völlig. Durch aktives Zuhören, also z. B. durch Nachfragen gelingt es, das Kind zum Sprechen anzuregen. Oder die Eltern greifen die Worte noch einmal auf, indem sie – eher nebenbei – ein falsch ausgesprochenes Wort mit der richtigen Aussprache wiederholen.

Wie lange dauert in der Regel die Behandlung von Sprachentwicklungsstörungen?

Sprachentwicklungsverzögerungen sind eine sehr komplexe Angelegenheit. Bei der Behandlung werden Bewegungsspiele in Verbindung mit Lauten eingesetzt, die Sinne geschult, das Gehör trainiert, Geräusche imitiert, die Artikulation und ihre Wahrnehmung geübt. Je nach Alter und Störungsbild kann das sehr schnell gehen (acht Stunden), in einigen Fällen ist eine entwicklungsbegleitende Behandlung über einen längeren Zeitraum (30 Stunden) notwendig.
Obwohl wir natürlich bestrebt sind, die Therapie schnell zum Abschluss zu bringen, damit das Kind möglichst früh das Erfolgserlebnis hat, muss im Sinn des langfristigen Therapieerfolges immer die individuell für das jeweilige Kind notwendige Zeit berücksichtigt werden. Nur eine gute Kooperation zwischen Eltern, Lehrerinnen, Ärztin und Therapeutin garantiert dabei eine erfolgreiche Therapie.

Bis wann sollten Sprachentwickungsverzögerungen bei Kindern behandelt werden?

Ab vier Jahre wird meist die Sprachtherapie begonnen. Dann hat das Kind genügend Zeit bis zur Einschulung, sprachliche Defizite aufzuholen. Auch jüngere Kinder werden bei Behinderungen oder starker Sprachentwicklungsstörung in der Praxis oder Frühförderung behandelt.

Wie können Eltern ihre Kinder beim Spracherwerb unterstützen – insbesonders in den ersten Lebensjahren?

Schon den Säugling können sie fördern: Wird er gestillt, bereiten die Schluck- und Saugreflexe und die Zungenbewegungen die Sprechwerkzeuge vor. Kann eine Mutter ihr Baby nicht stillen, sollte sie unbedingt auf gute Sauger achten, sonst können Fehlbildungen von Gaumen, Kiefer und später den Zähnen entstehen, was wiederum die Artikulationsfähigkeit von Kindern negativ beeinflussen kann.
Wichtig ist, dass sich die Eltern mit ihrem Baby beschäftigen, auch wenn es noch nicht sprechen kann. Es erkennt die Gesichter der Eltern, nimmt ihre Mimik wahr, hört ihre Stimmen und reagiert auf die Satzmelodie. Es ist auf die Ansprache der Eltern angewiesen. Ihre Fragen zum Beispiel stimulieren die Aufmerksamkeit des Babys und fordern es zu einer Reaktion auf. Auch beim Kleinkind ist kontinuierliches Reden, der Austausch wichtig. Die Wahrnehmungsfähigkeit über die Sinne „Tasten, Sehen, Hören, Riechen und Schmecken" wird immer intensiver. Deshalb profitiert das Kind von allem, was es gemeinsam mit den Eltern erlebt und tut – z. B. gemeinsam zu Abend essen, zusammen singen, reimen oder Geschichten erzählen. Feste, begrenzte „Zeitinseln", die Eltern für die Gemeinsamkeit mit ihren Kindern freihalten, unterstützen diese in ihrer persönlichen und damit auch sprachlichen Entwicklung.

Wo liegen die Schwerpunkte in Ihrer Arbeit? Woran erkennen die Eltern eine gute Therapeutin?

Das Kind und die Eltern müssen ein gutes, vertrauensvolles Verhältnis zu ihr haben. Entwickeln muss sich nämlich die ganze Familie. Eltern dürfen das Kind nicht überfordern, aber auch nicht unterfordern. Diese Balance zwischen Beachtung und Anspruch herzustellen, ist die Aufgabe einer Therapeutin mit medizinischen, psychologischen und pädagogischen Kenntnissen.
Atem-, Sprech- und Stimmlehrerinnen nach der Schlaffhorst-Andersen-Methode vertiefen diese Arbeit durch die Auseinandersetzung mit dem persönlichen Atem-, Sprech- und Stimmausdruck des Kindes, das sie ganzheitlich wahrnehmen und individuell nach dem aktuellen Erkenntnisstand der Kindertherapie behandeln. Eine Therapeutin mit diesem vielseitigen und genauen Ansatz nutzt die Stärken des Kindes, um seine Sinne zu fördern und an seinen Schwächen zu arbeiten. Wenn es gemäß seinem Entwicklungsstand angesprochen wird, lernt das Kind schnell, richtig und mit Freude sprechen. Schalten Sie den Fernseher aus, wenn niemand zuschaut. Auch das Radio sollte nicht den ganzen Tag im Hintergrund laufen. Kinder brauchen Ruhe, um unser Sprechen richtig zu verstehen. Sie können zu Hause mal testen, ob Sie ein »K« von einem »T« unterscheiden können, wenn dabei das Radio spielt.

Prof. Dr. Dr. Gerald Hüther

Klinik und Poliklinik für Psychiatrie und Psychotherapie der Universität Göttingen

Als Hirnforscher werden Sie immer wieder gefragt, was die in unsere Welt hineinwachsenden Kinder am meisten brauchen.

Kinder brauchen Geborgenheit, sie brauchen Zuwendung, Anregung und Grenzsetzung, damit sich ihr Gehirn angemessen entwickeln kann. Die Ausbildung motorischer, emotionaler, sozialer und geistiger Fähigkeiten findet vor allem während der frühen Kindheit statt und ist davon abhängig, ob ein Kind in dieser Phase genügend Zuwendung und Anregung durch nahe erwachsene Personen erfährt. Konkret heißt das: Eine sichere, stabile und vertrauensvolle Beziehung innerhalb der Familie ist die denkbar beste Voraussetzung für die gesamte Entwicklung eines Kindes. Und damit auch für die Entwicklung seiner Sprache.

Es kommt also auf Beziehungsfähigkeit an?

Ja. Kinder bringen ihre Beziehungsfähigkeit bereits mit auf die Welt. Aus der ursprünglichen primär körperlichen Verbindung im Mutterleib vertieft bzw. entwickelt sich nach der Geburt eine psycho-emotionale Bindung an ihre primären Bezugspersonen – überwiegend also an ihre Eltern. Diese frühe Bindung ist die entscheidende Starthilfe, die Kinder brauchen und benutzen, um sich von diesen Bezugspersonen und innerhalb der von ihnen geschaffenen Bedingungen all das anzueignen, was sie zur späteren Lebensbewältigung gebrauchen können. Eltern können diese Beziehungsfähigkeit fördern, indem sie sich bemühen, ihr Kind von Anfang an zu verstehen, sein Verhalten und seine Signale von Anfang an richtig zu interpretieren und angemessen darauf zu reagieren.

Was heißt in diesem Zusammenhang „von Anfang an"?

Wir sind die erste Generation, der ein umfassendes Wissen über die Entwicklung des Kindes zur Verfügung steht. Bereits von der Lebenswelt vor der Geburt haben wir inzwischen ein realistisches Bild. Und wir wissen auch über die Grundbedürfnisse des Babys und seine Fähigkeiten Bescheid. Verantwortliche Elternschaft beginnt mit der Schwangerschaft und heißt, sich Zeit zu nehmen, schon vor der Geburt in eine innere Beziehung zum Kind zu treten – ihm durch Gedanken und Gefühle viel Liebe und Geborgenheit zu geben, mit ihm einen bewussten Dialog zu führen. Das kommt der seelischen Entwicklung des Babys nachhaltig zugute und stärkt auch später sein Vertrauen in die Welt und in die eigenen Fähigkeiten.

Was kann ein Baby im Mutterleib denn schon wahrnehmen?

Es kann wahrnehmen, ob es in dieser Welt willkommen ist. Und es kann hören: etwa vom fünften Monat an kann ein Ungeborenes hören. Es nimmt Töne und Geräusche wahr, erkennt die Stimme seiner Mutter, lauscht ihrem Herzschlag. Sanfte Musik lässt sein Herz langsamer schlagen. Neugeborene scheinen von Musik, die sie während der Schwangerschaft häufiger gehört haben, fasziniert zu sein; auf die Stimme ihrer Mutter reagieren sie am heftigsten.

Beginnt die Sprachentwicklung Ihrer Ansicht nach bereits im Mutterleib?

In gewisser Hinsicht schon. Denn die Beziehung zwischen Menschen ist eine wichtige Wurzel der Sprache. Und Beziehung entsteht schon im Mutterleib. Nach der Geburt kommunizieren Babys dann sofort mit ihrer Umgebung in vielfältiger Weise. Diese frühen Formen der Ver-

ständigung, die aus dem Beziehungsverhalten entstehen, sind eine unabdingbare Voraussetzung für die Sprachentwicklung.
Was eine Mutter zu ihrem Baby sagt, versteht es natürlich noch nicht. Aber es nimmt die Tonlage und die Sprachmelodie der mütterlichen Stimme wahr. Und das Baby wiederum teilt sein Befinden der Mutter mit seiner Körpersprache, seiner Mimik, seinem Schrei- und Blickverhalten mit. Die Körpersprache schafft die Beziehung zwischen dem Kind und seinen Eltern. Aus dieser Beziehung heraus entwickelt sich die gesprochene Sprache.

Ist der Spracherwerb denn angeboren?

Kinder finden und bilden ihre Sprache wohl eigenständig, sie brauchen dazu aber einen intensiven Kontakt mit ihren Eltern, Geschwistern und anderen Bezugspersonen. Die Eltern bringen ihren Kindern die Sprache nicht bei, aber sie haben einen großen Einfluss auf die Sprachentwicklung ihrer Kinder.

Und wenn ein Kind erst einmal sprechen kann, stellt es Fragen… manchmal ohne Ende…! Warum?

Kinder kommen mit einem noch sehr unfertigen Gehirn zur Welt. Erst indem sie anschließend eigene Erfahrungen machen, werden die Nervenzellen in ihrem Gehirn auf eine dieser Erfahrung entsprechende, nutzungsabhängige Weise miteinander verbunden und vernetzt. Erst so entstehen allmählich, gewissermaßen Schritt für Schritt, die inneren Verschaltungsmuster.
Kinder müssen immer wieder neue Fragen stellen. Denn Fragen ist eine besonders effektive Form, die Welt zu entdecken und herauszufinden, was es dort alles gibt, wie das alles miteinander zusammenhängt, wie es entstanden ist und wieder vergeht und wie man selbst seinen Weg durchs Leben findet.
Alle Kinder sind von Natur aus begierig, mehr über die Welt zu erfahren. Erst wenn dieses Bedürfnis von denen, an die sie sich fragend wenden, nicht gestillt und damit immer wieder neu geweckt wird, erlischt ihre Neugier – und damit auch das Fragen.

Wenn Kinder nicht mehr fragen…

… so ist das ein untrügliches Zeichen dafür, dass sie die Lust und ihr Interesse daran verloren haben, zu erfahren, was es alles noch zu entdecken gibt und auf welche Weise Phänomene miteinander in Beziehung stehen und beeinflussbar, also gestaltbar sind. Die Lust, all das in Erfahrung zu bringen, verschwindet nicht von allein. Die Gründe dafür sind vielschichtig und können nur von denen gefunden werden, die irgendwann eben nicht mehr gefragt werden.
Vielleicht hat das Kind zu oft gar keine oder keine brauchbaren Antworten auf seine Fragen erhalten. Vielleicht waren die Antworten aber auch zu kompliziert oder zu widersprüchlich. Vielleicht musste das Kind auch erfahren, dass es zwar alle möglichen Antworten gibt, aber dass sich mit all diesen Antworten nichts anfangen ließ, da sie ihm für sein Gestaltungsbedürfnis keinen Raum boten.
Kinder bemerken auch sehr genau, wie die betreffende Person reagiert, an die sie ihre Fragen richten: Desinteressierte, gelangweilte, anderweitig beschäftigte, unaufmerksame und nicht offen zugewandte Adressaten töten jedes Interesse, noch weitere Fragen zu stellen. So schmerzlich die Erkenntnis im Nachhinein auch sein mag: Wenn ein Kind zu fragen aufhört, so sind die Gründe hierfür nicht bei ihm oder gar in seinem Gehirn zu suchen. Wenn Kinder aufhören zu fragen, wird es höchste Zeit, dass sich die Erwachsenen unbequeme Fragen stellen.

Herr Professor Hüther, seit Jahrzehnten streiten Wissenschaftler darüber, was bei einem Kind angeboren ist und was erlernt wird. Eine schlüssige Antwort auf diese Frage hätte ja beträchtliche Konsequenzen für die Erziehung unserer Kinder. Wie sehen Sie das aus der Sicht des Hirnforschers?

Ich denke, hier wurden falsche Fronten aufgebaut. Frontstellungen übrigens, die bis heute nachwirken: in der Familienpolitik, im Erziehungswesen und auch in der wissenschaftlichen Diskussion. Wenn man so will, hat die Hirnforschung diesen ideologischen Graben in der Zwischenzeit überwunden und sieht die Welt und uns Menschen mit anderen Augen.

Das betrifft vor allem auch unser individuelles Entwicklungspotenzial. Vor allem auf dem Gebiet der Entwicklungsneurologie ist nachgewiesen worden, wie groß der Einfluss früher Erfahrungen darauf ist, welche Verschaltungen zwischen den Milliarden Nervenzellen im Gehirn besonders gut gebahnt und stabilisiert werden. Leider – möchte ich sagen – wird auch umgekehrt ein Schuh daraus: Verschaltungspotenziale, die nicht genutzt werden, verlieren sozusagen ihre biologische und psychologische Basis im Gehirn. In gewisser Hinsicht ist das wie im Sport oder bei Lernprozessen generell: Ohne Training kommt man zu keinen guten Ergebnissen.

Jedes Kind ist einzigartig und verfügt über einzigartige Potenziale zur Ausbildung eines komplexen, dicht vernetzten und zeitlebens lernfähigen Gehirns. Ob und wie es ihm gelingt, diese Anlagen zu entfalten, hängt ganz wesentlich von den Entwicklungsbedingungen ab, die es vorfindet. Und hierzu zählen die Erfahrungen, die es während der Phase seiner Hirnreifung – also am Anfang seines Lebens – macht. Jedes Kind braucht ein möglichst breites Spektrum unterschiedlichster Herausforderungen, um die in seinem Gehirn angelegten Verschaltungen auch tatsächlich auszubauen, weiterzuentwickeln und zu festigen. Und jedes Kind braucht das Gefühl von Sicherheit und Geborgenheit, um neue Situationen und Erlebnisse nicht als Bedrohung, sondern als Herausforderung bewerten zu können. Beides gibt es nur in der intensiven Beziehung zu anderen Menschen.

Es sind die frühen, in diesen Beziehungen gemachten und im kindlichen Hirn verankerten psychosozialen Erfahrungen, die seine weitere Entwicklung bestimmen und sein Fühlen, Denken und Handeln fortan lenken.

Dr. phil Birgit Jackel
Buchautorin und Fortbildungsdozentin

Sprache spielen mit allen Sinnen

Sprechen macht am meisten Spaß, wenn es wie von selbst geht. Sind die Gedanken von einem gemeinsamen Spiel in der Gruppe völlig gefesselt, läuft das Reden ganz nebenbei ab. Die Freude als psychisches Wohlbefinden steht dann im Mittelpunkt. Darin sind Kinder Meister, „Psycho-Motorik-Meister". Ihre psychische Verfassung drückt sich noch ganz unmittelbar aus in ihrer Motorik. Wenn der Sprössling sich freut, hüpft und springt das ganze Kind. Ist es hingegen traurig und bedrückt, schleicht es mit hängenden Schultern umher.
Nach psychomotorischer Erkenntnis ist das freie, selbst organisierte Spielen für Kinder die natürlichste Form, sich in allen Teilbereichen ihrer kleinen Persönlichkeit optimal weiterzuentwickeln. Warum dann nicht auch „Sprache spielen"?

„Ich bewege mich in meiner Welt"

Alle Weiterentwicklung geht aus von der Motorik, vom neugierigen Erkunden des eigenen Körpers, des eigenen Könnens und Bewirkens sowie den Gegebenheiten und Wirkzusammenhängen der Umwelt. Und umgekehrt: Auch das Wissen um die so manches verändernden Auswirkungen des eigenen Tuns auf diese Mitwelt prägen den heranwachsenden Menschen. Jeder weiß, auf welch mannigfaltige Weise schon ein aktives Kleinkind seine Bezugspersonen „auf Trab hält" und sie zum Erreichen seiner Bedürfnisse einzuspannen vermag.

Daniela, 17 Monate alt, sitzt in ihrem Hochstuhl und isst selbstständig Marmorkuchen. Dabei krümelt sie auf Kleidung, Tischchen und Fußboden; kommentiert ihre Krümelei mit dem Ein-Wort-Satz „Wutz". Als Papa mit Schaufel und Handfeger ihre Spuren zusammenfegen will, deutet sie auf einzelne Bröckchen und kommandiert „da", „da". Dies geschieht so lange, bis sie keinen auch noch so winzigen Kuchenrest mehr auf dem Esszimmerboden entdeckt. Es steht außer Frage, wer hier gerade wen zur Reinlichkeit erzieht.
Über die Motorik werden all die anderen Bereiche mit gefördert, welche letztendlich die Gesamtpersönlichkeit formen: Sensorik, Emotion, Kognition und Sozialverhalten. Auch bei der Kommunikationsentwicklung als einem hochkomplexen Vorgang spielen sie wichtige Rollen und wirken rückkoppelnd. Ist Ihr Kind ängstlich, spricht es eher leise und verhalten oder es zieht vor zu schweigen. Ist Ihr Kind selbstbewusst und erkundet unerschrocken sein Umfeld, plappert es spontan drauflos, bezieht andere mit ins Gespräch ein und kommuniziert ungehemmt. Auf diese Weise übt es Sprache häufiger und spannungsfreier als sein schüchterner Altersgenosse und baut damit seinen Vorsprung im Sprachhandeln ständig weiter aus.

„Ich orientiere mich in meiner Welt"

Im Verlauf der Bewegungsentwicklung machen unsere Kleinen zuerst Fortschritte in ihrer Grobmotorik. Vielbeachtetes Beispiel ist das Laufenlernen. Da wird beim Einjährigen allerorten interessiert registriert, ob es schon läuft oder noch krabbelt – völlig ungeachtet dessen, dass ausgiebiges Krabbeln mit den damit verbundenen Überkreuz-Bewegungen von Armen und Beinen für die Verknüpfung der Gehirnnerven wesentlich förderlicher ist als (zu) frühes Laufen. Später entwickelt sich die Feinmotorik, z. B. vom Pinzetten- zum Zangengriff, vom Aufklauben eines Stiftes oder Krümels bis zum Umblättern von Bilderbuchseiten oder gar bis zum „Daumenkino", bei dem geschickt die einzelnen Seiten in zeitlich raschen Folgebewegungen durch die Finger gleiten.
Grob- und Feinmotorik bilden die Erfahrungs- und Wahrnehmungsvoraussetzung für den treffenden lexikalischen Gebrauch von Wörtern,

das Anwenden von Begriffen für die Objektbenutzung. So müssen Kinder bei der Materialerfassung und -benennung das Rau-Griffige von Baumrinde ausgiebig be-griffen haben, um das lexikalisch passende Eigenschaftswort zur Rinde verinnerlichen und benutzen zu können. Oder: Wenn ich mir unter dem Begriff „glitschig" etwas vorstellen soll und ihn richtig anwenden will, sind praktische Erfahrungen mit Glitschigem wie nasser Seife, feuchtem Laub oder schlammigem Untergrund unabdingbar. Auch das Erfassen mit allen Sinnen ist dabei erforderlich. Oder können Sie den Geschmack eines Puddings alleine durch Hinschauen feststellen? Er könnte aus Versehen mit Salz statt Zucker zubereitet sein.

„Ich benutze alle meine Sinne"

In heutiger Zeit mit den für Kinder ungünstigen gesellschaftlichen Strukturveränderungen werden Erfahrungen am Objekt selber, so genannte Primärerfahrungen, häufig ersetzt durch Medienerfahrungen, so genannte Sekundärerfahrungen, ohne dass Gelegenheit zum direkten Kennenlernen zeitgleich möglich ist oder später nachgeschoben wird. Dadurch ist ein Erleben mit allen Sinnen immer seltener. Kinder wie Erwachsene nehmen ihre Umwelt vorwiegend über Augen und Ohren wahr und verlernen zunehmend, sich selbst zu spüren sowie andere und anderes zu fühlen. Dabei kommt der Säugling doch zunächst in erster Linie als Spür-Wesen zur Welt.

Daniela, damals gerade eine Woche alt, hört den vertrauten Herzschlag ihrer Mutti, wenn diese sie an sich kuschelt; man spricht von „Pucken" oder „Känguruen". Sie spürt die Wärme, die von Muttis Haut ausgeht, und riecht ihren besonderen Duft. Diese Sinneswahrnehmungen signalisieren Daniela Geborgenheit. Ihre ersten Such-Bewegungen gelten der Welt der Nahrung: Brustwarze finden und saugen. Später kann sie mit ihrem Mund auch andere Such-Bewegungen bewerkstelligen und dadurch Berührungserfahrungen machen. Am liebsten würde sie die ganze Welt in den Mund stecken: „Ich begreife, also begreife ich." Daniela kennt zunächst noch keine Aufgabenverteilung zwischen Mund und Händen. Alles wandert von den Händen in ihren Mund – wenn sie ihn denn trifft. Erst mit ungefähr 18 Monaten wird sie ihren Mund nur noch zum Sprechen benutzen. In den ersten beiden Lebensjahren ist das „hautnahe Zeitfenster" weit geöffnet: Daniela lernt, den Berührungen bestimmte Bedeutungen beizumessen. So vermittelte Gefühle wie Zärtlichkeit, Vertrauen und Geborgenheit sind wichtig für ihre psycho-motorische Entwicklung.

Beim Säugling und Kleinkind bilden sich zunächst die so genannten Basissinne aus. Sie gelten als Grundlage, als Basis für alles Wahrnehmen. Bei ihnen liegt sowohl das Signal als auch der Rezeptor im Körperinneren und damit nahe beieinander. Deshalb werden sie auch „Nahsinne" genannt: Tast-, Muskel-, Gleichgewichts- und Geschmackssinn. Sie helfen dem Winzling beim Aufbau eines funktionstüchtigen Körperschemas („Welchen Körperteil habe ich wo, wie viel mal?"; später: „Wo ist rechts, wo links?") und Körperbildes („Wie fühle ich mich?").
Mit diesem Bewusst-Sein um die eigene Selbstwirksamkeit aus den Basissinnen kann sich das Kind dann sicher seiner Umwelt zuwenden, diese erkunden und mithilfe seiner „Fernsinne" ein gutes Gefühl für Abstände, Entfernungen, Höhenunterschiede entwickeln: Ist diese Treppenstufe hoch, zu hoch für mich? Kann ich über den Graben springen? Passt mein Bobby-Car zwischen den beiden Blumentöpfen durch? Natürlich passt es durch, das weiß ich doch! Beim Seh-, Hör- und Geruchssinn dringt das Signal von außen, von der Ferne her, zum Rezeptor im menschlichen Organismus. Deshalb werden diese Sinne als „Fernsinne" bezeichnet.
Man muss die sinnlichen Einzelerfahrungen aus jedem Sinnessystem in der richtigen Weise verbinden können. Das ist die wichtigste Voraussetzung für jegliches Lernen. Nehmen wir uns selbst und unsere Umwelt senso-motorisch wahr, arbeiten dabei stets alle Sinne zusammen. So lässt sich das ganzheitliche Kennenlernen dessen, was einen Apfel ausmacht, nur erfassen über das Sehenswerte seiner Schale (Farbnuancen und Unebenheiten), das Klangstarke beim Hineinbeißen (ohrenbetäubende Knack-Geräusche im Kopf als Resonanzraum), das Fühlbare (raue / glatte Schale), das Schmackhafte und Duftaromatische (würzig, süß, sauer, saftig) und das Beweglich-Muskuläre beim Balanceakt des Pflückens.

„Welche Sinne brauche ich zum Sprechen?"

Sprache funktioniert nur, wenn mehrere Sinne und zudem noch weitere Funktionsabläufe gut zusammenarbeiten. Mehrere Areale im Großhirn, über einhundert Sprech- und Mimikmuskeln, Berührungsempfinden, Hören, Sehen sowie die Leistungen des Gedächtnisses und zudem richtiges Atmen sind beteiligt, damit das herauskommt, was wir „Miteinander-reden" nennen. Man sieht sich an, d.h. man hört nicht nur den Gesprächspartner, sondern beobachtet auch seine sprachunterstützende Mimik und Gestik als Arbeit seiner Gesichtsmuskeln und als Ausdruck dessen, was er gerade fühlt. Der Sprecher selbst vollbringt eine Sprechmuskelleistung in Form von Lippen-, Gaumen-, Zungenboden- und Kiefermuskelarbeit zusammen mit passender Atemtechnik zum Bilden der einzelnen Laute und der Sprachmelodie. Dies alles wird gesteuert von verschiedenen Gehirnarealen. So gibt es einen Bereich für flüssiges Sprechen in Form von Laut- und Begriffsbildung und einen anderen für Sprachverarbeitung, Sprachverständnis und Satzbildung. Arbeits- und Langzeitgedächtnis werden zum Abspeichern und Rekonstruieren von Lauten, Wörtern und Satzbauregeln benötigt. Dank bildgebender Verfahren ist es heute möglich, in Gehirn-Scans die bei der Sprache beteiligten Hirnregionen sichtbar zu machen. Denn es gibt kein alleiniges Zentrum für die Funktion Sprache. Dem entsprechend zahlreich können auch die für einen nicht normal funktionierenden Sprachablauf verantwortlichen Störvariablen sein. Einige davon:

- *Wer sein Atemvolumen nicht voll ausschöpfen kann (bedingt durch Flach- oder Pressatmung), kann bestimmte Laute auch nicht richtig hervorbringen und weder fließend noch anstrengungsfrei sprechen.*
  Mögliche Ursachen sind Muskelprobleme. Die Kinder haben sich flaches Atmen angewöhnt als Folge von Körperfehlhaltung wie Rundrücken, sodass der Zwerchfellmuskel sich nicht genug ausdehnen kann. Hingegen: Sind sie psychisch belastet oder strengen sie sich über ihre Kräfte hinaus an, neigen sie dazu, ihren Atem anzuhalten, um ihn nachher mit großem Druck herauszupressen. Schnell wird Pressatmung in stressigen Situationen zum Automatismus und beeinträchtigt u. a. auch den Sprachfluss.

- *Was man an Lauteinheiten nicht genau hört, kann man weder im Arbeits- noch im Langzeitgedächtnis abspeichern und auch nicht lautlich exakt reproduzieren, geschweige denn für spätere Sprachäußerungen parat haben.*
  Zu den Ursachen zählen Ohrenprobleme und Störungen im auditiv-verbalen Arbeitsgedächtnis. Beides kann bei Lese-Rechtschreib-Schwäche (LRS) eine Rolle spielen.

- *Was man bei geschriebenen Wörtern an Vokalen und Konsonanten nicht genau sieht, kann man weder im Arbeits- noch im Langzeitgedächtnis abspeichern und auch nicht lautlich exakt reproduzieren (siehe oben).*
  Zu den Ursachen zählen Augenprobleme und Störungen im visuell-verbalen Arbeitsgedächtnis, d.h. Verarbeitungsstörungen unter dem gleichen Wirkmechanismus wie zuvor beschrieben.
  Und noch ein Sinnesorgan ist an gelungener Sprache beteiligt, der Gleichgewichtssinn mit der Fähigkeit zur Körperkoordination und Balance; denn Bewegungs- und Sprachrhythmik beeinflussen sich gegenseitig.

„Mein Vokabeltraining im Laufschritt"

Die gesamte motorische Entwicklung mit allen implantierten Bewegungsfähigkeiten und die Sprachentwicklung stehen besonders in den ersten beiden Lebensjahren sehr häufig als simultane Reifungsprozesse miteinander in Verbindung.
So macht das Kleinkind in den letzten Wochen seines ersten oder spätestens zu Beginn seines zweiten Lebensjahres zwei ganz wesentliche und von seinen Eltern hocherfreut beobachtete Fortschritte: Es beginnt zu laufen und zu sprechen.

Daniela, 16 Monate alt, macht ihre ersten Schritte. Sobald sie lostapst, plappert sie auch schon. Wahllos wird das gesamte Vokabular abgespult, das ihr aktiver Wortschatz hergibt: „Mama, Papa, Apa [Opa], hinze [hinsetzen], Bille [Brille], Lüssel [Schlüssel], Schmatz [Kuss], Bei [Brei], Gieße [Gießkanne], bitte, Affe, Katze, Maus, Quak-Quak [Ente], da is [da ist] ..."

Der Zusammenhang von Sprach- und Bewegungsfortschritt als einander wechselseitig beeinflussenden Prozessen wird in den Fach-

bereichen von Psychomotorik, Neuropädagogik und Logopädie als wichtiges Prinzip für die Wahrnehmungsentfaltung, das Lernen und die motorische Expression gesehen und genutzt in Prävention wie in Rehabilitation. Als Grundschullehrerin kann auch ich nach 30 Jahren schulpraktischer Arbeit bestätigen, dass Kinder, die in ihrer Sprachentwicklung ihrem kalendarischen Alter hinterherhinken, oft auch motorische Probleme haben und dass bei ganzheitlich psychomotorischer Förderung auf lange Sicht (nicht unmittelbar) über die verbesserte Motorik auch Ängste abgebaut, Sozialverhalten gefördert und damit hemmungsfreier Umgang mit anderen Kindern und eine unbefangen fließende sprachliche Kommunikation vorangebracht werden können. Ebenfalls in der logopädischen Praxisarbeit wird heute nach diesem ganzheitlichen Ansatz das Kind in seiner gesamten Individualität mit allen, seine Persönlichkeit formenden Wirkgrößen einbezogen: Das heißt mit seiner Sensorik, Motorik, Kognition, Emotion und seinem sozialen Verhalten.
Neurophysiologisch lässt sich die Kopplung von Motorik, Sprache und Emotion erklären durch die spezielle Positionierung der am Sprechen wie am Laufen und manuellen Handling beteiligten Areale im Großhirn. Geht es doch sowohl beim Hantieren, Laufen und Hüpfen als auch beim Artikulieren um schnelle, kleine Bewegungseinheiten in Folge, d.h. um schnelle Reihenfolgebewegungen. Die Hirngebiete für Hand, Arm-, Bein-, Fuß- und Mundmotorik liegen eng beisammen als sensorische wie als motorische Großhirnareale und darunter die Thalamus-Strukturen wie der für unmittelbar auftretende Gefühle zuständige Mandelkern.
Je sensorisch genauer die Umweltsignale aufgenommen und verarbeitet werden können, je präziser die Sprechmuskelleistungen sowie Hand-, Arm- und Beinmotorik gelingen, desto positiver ist das emotionale Befinden, welches sich spontan einstellt. Jedoch: Die Kopplung von Sprache und Motorik ist nicht zwingend gegeben. Es gibt durchaus auch Sprachstörungen, die für sich alleine existieren.
Gestörte Sprachmuster bedürfen immer zusätzlich spezieller Therapien mit spezifischen Trainingsprogrammen seitens qualifizierter Fachkräfte aus Sprachheilpädagogik und Logopädie wie SprachtherapeutInnen und LogopädInnen.

„Ich mag Sprache spielen"

Lustige Sinnesspiele sind zugleich auch Sprachspiele. Sie repräsentieren sowohl die für Sprache erforderlichen Voraussetzungen im Bereich der Sprechmuskeln als auch die verschiedenen sprachlichen Strukturebenen. Beides ist beim Erwerb sprachlicher Kompetenz unabdingbar. Zahlreiche Mund-, Gaumen- und Gesichtsmuskeln sind an der Sprache wie an der sie begleitenden Mimik beteiligt. Die exakte Arbeit der Sprechmuskeln bildet die Voraussetzung für Sprechen und Miteinanderreden überhaupt. Derartiges Training der Sprechwerkzeuge geschieht spielerisch und völlig nebenbei in Puste- und Blasespielen wie Kirschkernwettspucken, Seifenblasen wachsen lassen und beim Ansaugen leichter Materialien mithilfe von Trinkhalmen, aber auch bei Nonsens-Singtexten wie den „Drei Chinesen mit dem Kontrabass" oder bei ulkiger „Schnutensprache" mit geschürzten Kuss-Lippen oder „Opasprache", wobei die Lippen über die Zähne gezogen werden.

Daniela, jetzt im 4. Grundschuljahrgang, erzählt ihren Freundinnen einen Witz: Sitzt ein Frosch im feuchten Gras und quakt aus seinem breitgezogenen Maul. Kommt ein Storch vorbei und fragt: „He Frosch, gibt es hier leckere Breitmaulfrösche?" Erschrocken zieht der Frosch eine spitze Schnute und antwortet: „Dü gübt's hür nücht" und springt davon.

Werden bei den so genannten Sinnesspielen jeweils einzelne Wahrnehmungsbereiche besonders betont, gefordert und damit gefördert (z.B. Tast- oder Riechsinn) und andere dabei auch zeitweise ganz ausgeschaltet (durch Augenbinden), so trainieren diese Spiele zugleich auch mal stärker den einen oder anderen der fünf sprachlichen Teil- oder Strukturbereiche.

Teilbereiche der Sprache

Semantik als der lexikalische Begriff für den Objektgebrauch

Phonetik und Phonologie zur Lautbildung und Lautunterscheidung

Regeln für den grammatikalischen Gebrauch

Intonation für den Sprachrhythmus

CHarmantes Kommunikationsgeschick für situationsangemessenes Formulieren

Sprich mit mir!

Die fünf Teilbereiche der Sprache kommen in den konkreten Handlungssituationen der von den Kindern gemeinsam gestalteten Sprachspiele nicht isoliert voneinander vor, sondern erscheinen eingebettet in echtes Mitteilungs- und Verständnisinteresse. Dabei wird angeknüpft an die Kompetenzen und Motivationslage der Mitspielerinnen und Mitspieler – ob zu Hause im Freizeitspiel, im ganzheitlichen Unterrichtsgeschehen der Grundschule, in der logopädischen Therapie oder in der psychomotorischen Förderung. Man spricht in der Gruppe miteinander, übt spielerisch, d. h. die Kinder „spielen Sprache" indirekt.
Die Aufgabe von PädagogIn wie TherapeutIn ist es, behutsam zu unterstützen, indem sie in den Hintergrund des Spielgeschehens treten. Auch Sie als Eltern sollten zu Hause nicht das kindliche Spiel mit der direkten und für Ihr Kind spürbaren Absicht zur Förderung von Sprache lenken wollen und es damit dominieren. „Sprache spielen" ist hier kein Selbstzweck im Hinblick auf die Sprache als Produkt, sondern ausgerichtet auf einen im Spielhergang mitlaufenden Spracherwerb.
Dann wird die Freude am Sprechen immer dabei sein und psycho-motorisch positiv wirken. Die gute Stimmung macht flüssiges Sprechen leichter und hilft die sprachlichen Strukturen besser im Gedächtnis zu behalten. Denn was man gerne tut, lernt man schneller.
Zum „Sprache spielen" gehören Spiele mit Klatschrhythmen und viel Bewegung, Mimik-Gestik-Spiele, Fühl-Bilderbücher mit Satz-Fragmenten zum Ergänzen, Reime, Lautmalereien und Tiefenatmung im Rahmen von Entspannungsspielen, Rate-Spiele, Sketche, Witze und vieles mehr.

Auch Klatschspiele sind bei Kindern beliebt. In ihnen sind besonders viele sprachfördernde Elemente versteckt.

Klatschvers:

Char-lie Chap-lin fuhr nach Spa-nien,
um drei Mäd-chen was zu sa-gen.
Ers-te hieß Cha-cha-cha, [Powackeln]
zwei-te hieß O-la-la, [Hüftschwung]
drit-te hieß A-me-ri-ka. [mit Händen Kreis beschreiben]
Char-lie Chap-lin, das geht so:
Char-lie Chap-lin ... [Fußschrägstellungen wie bei einer Ziehharmonika; bis niemand mehr steht]

Spielverlauf:

Die Mitspieler stehen im Gesichtskreis und klatschen abwechselnd gleichzeitig an die Hand des rechten und des linken Spielnachbarn, dann in die eigenen Hände; ... bei Textstelle „Cha-cha-cha" mit dem Po wackeln; bei „O-la-la" Hüftschwung; bei „Amerika" mit den Händen einen Kreis beschreiben; bei „Char-lie Chap-lin" erst Zehen, dann Fersen auswärts drehen (Beine werden gespreizt) ... in jener Stellung die zweite Klatschrunde beginnen ...

Dieses Klatschspiel verlangt beim Mitsprechen des Textes eine gewisse Gedächtnisleistung bezüglich der gehörten Sprache; kann mit seinen schnellen sequenziellen Reihenfolgebewe-

gungen von Händen und Armen zusammen mit dem Sprechtext die Sprachentwicklung über die Motorik anregen; steigert das Hinhorchen auf Sprachmelodie und Silbenbetonung über den in die Hand-/Arm- und Bein-/Fußrhythmik eingebundenen Text; differenziert den Hör-, Seh- und Berührungssinn und die Raumlagesicherheit; übt planvolles Handeln bei der Fußschrägstellung zusammen mit Gleichgewichts- und Muskelsinn und bereitet Spaß am Nonsens von Bewegung und Textaussage: Besonders wegen des Nonsens spielen die Kinder mit Begeisterung „Charlie Chaplin" wieder und immer wieder; denn den ulkigen Bewegungen und der Situationskomik kann kein Mitspieler entrinnen.
Kindsein heißt spielen dürfen. Eltern, PädagogIn oder TherapeutIn sein heißt wieder spielen dürfen und dabei zusammen mit Kindern die Welt mit allen Sinnen von Neuem entdecken und dabei Sprache spielen.

In diesem Sinne: Spielen Sie!

Anschlussliteratur:

Jackel, B. (2003). Lustige Sinnesgeschichten für kleine und große Leute. Sinnlich-sinnvolle Anregungen zum Nachdenken und Nachspielen. Dortmund: borgmann publishing.

Jackel, B. (2004). Ausgeglichen und entspannt. Stress bei Kindern erkennen und abbauen. Mit Bewegungsgeschichten aus der Progressiven Muskelentspannung. München: Kösel.

Jackel, B. (2004). Ich bin da! Beginn einer Persönlichkeitsentfaltung unter psychomotorisch bedeutsamen Gesichtspunkten. Praxis der Psychomotorik, Heft 4.

Jackel, B. (2004). Kinder orientieren sich. Spiele zur Entfaltung psychomotorischer Handlungskompetenz. Dortmund: borgmann publishing. 2. leicht veränderte Auflage.

Dr. phil. Birgit Jackel
Wächtersbacher Str. 25
63599 Biebergemünd
http://www.birgit-jackel.de

Dr. phil. Birgit Jackel war 30 Jahre Grund- und Hauptschullehrerin und zeitgleich von 1997 bis 2001 an der Universität Frankfurt/Main lehrbeauftragt. Seit 1989 arbeitet sie aktiv in der Fortbildung von ErzieherInnen, LehrerInnen und PolizeibeamtInnen in den Bereichen Motopädagogik, Ergotherapie, Neurophysiologie, Sprachheilkunde und Verkehrspädagogik. Zahlreiche Fachveröffentlichungen.

Was heißt was? / Glossar

Dysgrammatismus: Das Kind hat Probleme mit der Grammatik, benutzt einen falschen Satzbau, kann die Verben nicht richtig formen; es nennt sich beim Vornamen und spricht von sich in der 3. Person anstatt von „ich". Beispiele: „Lena essen" statt „ich esse", „ich geschläft hat" statt „ich habe geschlafen", „Junge Brot kaufen gestern" statt „der Junge hat gestern Brot gekauft". Dysgrammatismus gehört zur normalen Sprachentwicklung und kennzeichnet die Phase, in der das Kind Satzbau, Verben usw. kennenlernt. Dauert diese Phase allerdings länger als bis zum 4. Lebensjahr, liegt eine Sprachstörung vor, die behandelt werden muss. Mit gezielten Übungen zur Wahrnehmung kann man Kindern helfen, ihr scheinbar nicht vorhandenes Gefühl für Sprachrhythmus zu entwickeln. Hierzu zählen u. a. Spiel- und Sprechangebote, bei denen das Hören und Fühlen von Musik gefördert wird.

Dyslalie: Es kommt vor, dass Kinder Schwierigkeiten haben, bestimmte Laute oder Lautverbindungen korrekt auszusprechen. Das bezeichnet man als „Dyslalie" (Lautstörung) Das Kind lässt sie dann einfach weg oder ersetzt sie durch andere. So wird aus Kaffee „Affee" oder „Daffee", je nachdem, für welche „Lösung" das Kind sich entscheidet. Gründe können geschädigte Sprechwerkzeuge, ein schlechtes Hörvermögen oder psychische Ursachen sein. Manche Kinder wollen nicht „groß" werden und verharren bewusst in der Sprache eines Kleinkindes, weil sie weiterhin so behandelt werden möchten. Bis zum 4. Lebensjahr ist dies eine durchaus normale Begleiterscheinung der Sprachentwicklung. Hat ein älteres Kind jedoch immer noch Probleme mit der korrekten Aussprache, sollten die Eltern die Kinderärztin darauf aufmerksam machen.

Lispeln: Lispeln ist eine Sonderform der Dyslalie. Betroffen sind die so genannten S-Laute (S, Sch, X und Z). Sie zählen zu den häufigsten und schwierigsten der deutschen Sprache. Lispeln sollte unbedingt vor der Einschulung behandelt werden, denn es wird mit dem Alter immer schwieriger, eingefahrene falsche Sprechmuster zu ändern. Manchmal liegt es an einer verkehrten Kiefer- oder Zahnstellung, dass ein Kind lispelt. Dann kann nur ein Kieferorthopäde helfen. Sind hingegen psychische Faktoren mit im Spiel, sollte eine Kinderpsychologin oder Sonderpädagogin hinzugezogen werden.

Logopäde/in: Logopäden sind Experten für die Untersuchung, Therapie und Beratung von Menschen mit Stimm-, Sprech-, Sprach- und Schluckstörungen. Etwa die Hälfte der Patienten von Logopäden sind Kinder. Für die Frage, welcher Logopäde für Ihr Kind der Richtige ist, können Sie verschiedene Kriterien anlegen. Am wichtigsten ist, dass die Chemie stimmt. Das heißt, dass Ihr Kind gerne mit dem Logopäden arbeitet und Sie Vertrauen zu ihm haben. Daneben sind folgende Kriterien für eine Entscheidung hilfreich: Die Praxis sollte möglichst gut erreichbar sein, der Therapeut sollte unbedingt großen Wert auf die Zusammenarbeit mit Ihnen als Eltern legen und zudem Erfahrungen bei der Behandlung der Störung ihres Kindes vorweisen können, am besten als Spezialist auf diesem Gebiet. Der Berufsverband der Logopäden bietet auf seiner Internetseite unter www.dbl-ev.de eine entsprechende Suchfunktion an.

Mutismus: So nennt man psychisch bedingtes Schweigen. Mutismus ist eine sehr ernst zu nehmende Störung, bei der man unbedingt einen auf Kinder spezialisierten Pädagogen oder Psychologen um Rat fragen sollte. Wenn Kinder plötzlich überhaupt nicht mehr sprechen oder gegenüber bestimmten Personen bzw.

in bestimmten Situationen völlig verstummen, kann das vielschichtige Gründe haben: ein einmaliges, traumatisches Erlebnis, ein stark belastendes familiäres Klima oder eine extrem gestörte Beziehung zu einem Menschen. Den wahren Hintergrund erforschen Experten gemeinsam mit dem Kind und versuchen, es aus seiner Sprachlosigkeit herauszuholen. Auch die Eltern werden hier intensiv eingebunden. Adressen von kostenlosen Beratungsstellen nennt die Bundeszentrale für gesundheitliche Aufklärung.

Näseln: Bei den Lauten M, N und NG, den so genannten Nasallauten, haben manche Kinder Schwierigkeiten mit der korrekten Aussprache: Sie näseln.
Mal klingt es, als seien sie verschnupft – das nennt man geschlossenes Näseln. Beim so genannten offenen Näseln klingt die Aussprache ungewollt betont vornehm oder affektiert. Die Ursache: Beim Sprechen strömt mal zu viel, mal zu wenig Luft durch die Nase, weil beispielsweise Polypen den Weg versperren oder das Gaumensegel, das Zäpfchen im Rachen, zu viel Luft vom Mundraum in die Nase lässt. Durch gezielte Sprechgymnastik und/oder eine Operation kann das Näseln verschwinden.

Poltern: Die Gedanken sind gewissermaßen schneller als die Sprache. Die Folge: Einzelne Laute, Silben und ganze Wörter werden verschluckt, verstellt und verstümmelt – nicht nur beim Sprechen, auch beim Lesen und Schreiben. Ursache ist meist eine angeborene oder erworbene Schwäche des Gehirns, wenn es um die Verarbeitung verschiedener Reize geht. Poltern tritt oft in Kombination mit Stottern auf.

Sprachschwächetyp: Kinder, die als Sprachschwächetyp bezeichnet werden, haben eine familiäre Veranlagung für ihre verzögerte Sprachentwicklung. In diesem Fall haben auch die Eltern und/oder die Geschwister erst später als üblich sprechen gelernt. Meist entwickeln sich diese Kinder auch in ihrer Motorik langsamer als andere. Sie lernen später sitzen und laufen, sind insgesamt eher ungeschickt, haben wenig Interesse am Sprechen und agieren meist zurückhaltend. Bei Sprachschwächetypen treten im Laufe der Sprachentwicklung oft eine hartnäckige Dyslalie und Dysgrammatismus auf.

Stottern: Der normale Redefluss ist gestört. Das Kind wiederholt beim Sprechen einzelne Silben, Wörter oder auch Buchstaben. Oder es bringt zunächst keinen Ton heraus, bis es unter größter Anstrengung wie Pressen und ähnlichem endlich das Wort sagen kann. Das klingt dann so: „Die ... Paula ist doof" oder „Die P-P-P-P-Paula ist doof". Die Ursachen des Stotterns sind bis heute nicht endgültig geklärt. Bei den Fachleuten besteht jedoch Einigkeit, dass mehrere Faktoren beteiligt sind: Veranlagung, Vererbung, psychische Faktoren sowie frühkindliche Schädigungen, die allerdings oft nicht nachweisbar sind. Sprachtherapeuten und/oder Erziehungsberater betreuen stotternde Kinder.

Deutscher Bundesverband für Logopädie (dbl)
Augustinusstraße 11a
50226 Frechen

Tel.: 0 22 34 - 3 79 53 -0
E-Mail: info@dbl-ev.de
Internet: www.dbl-ev.de

Berufsverband der Kinder- und Jugendärzte
Mielenforster Straße 2
51069 Köln

Tel.: 02 21 - 68 90 90
E-Mail: bvkj.buero@uminfo.de
Internet:
www.kinderaerzteimnetz.de

Bundesvereinigung Stotterer-Selbsthilfe e.V.
Zülpicher Straße 58
50674 Köln
Tel.: 02 21 - 1 39 11 06 -07
Internet: www.bvss.de

Deutsche Gesellschaft für Sprachheilpädagogik e.V.
Goldammerstraße 34
12351 Berlin
Tel.: 0 30 - 661 60 04
E-Mail: info@dgs-ev.de
Internet: www.dgs-ev.de

dba – Deutscher Bundesverband der Atem- Sprech- und Stimmlehrer/innen Lehrervereinigung Schlaffhorst-Andersen e.V.
Holstenwall 12
20355 Hamburg

Tel.: 0 40 - 35 71 38 00
E-Mail: info@dba-ev.de

Bundesverband Legasthenie und Dyskalkulie e.V.
Königstraße 32
30175 Hannover

Tel.: 05 11 - 31 87 38
E-Mail: info@bvl-hannover.de
Internet: www.legasthenie.net

Bundesprüfstelle für jugendgefährdende Medien (BPjM)
Rochusstraße 10
53123 Bonn

Tel.: 02 28 - 9 62 10 30
E-Mail: info@bpjm.bund.de
Internet:
www.bundespruefstelle.de

Bundeszentrale für gesundheitliche Aufklärung (BZgA)
Ostmerheimer Straße 220
51109 Köln

Tel.: 02 21 - 89 92 -0
E-Mail: poststelle@bzga.de
Internet: www.bzga.de

Stiftung Lesen
Fischtorplatz 23
55116 Mainz

Tel.: 0 61 31 - 2 88 90 -0
E-Mail: mail@stiftunglesen.de
Internet: www.stiftunglesen.de

Bundeszentrale für politische Bildung
Adenauerallee 86
53113 Bonn

Tel.: 0 18 88 - 51 50
E-Mail: info@bpb.de
Internet: www.bpb.de

Im Buchhandel sind zahlreiche Eltern-Ratgeber erhältlich, die auch Informationen zur kindlichen Sprachentwicklung enthalten. Wir möchten an dieser Stelle auf zwei Bücher hinweisen, die sich auf besondere Weise mit dem Thema befassen:

Elke Burkhardt-Montanari
Wie Kinder mehrsprachig aufwachsen

In diesem Buch werden alle Themengebiete rund um Mehrsprachigkeit auf sehr anschauliche und vielfältige Weise beleuchtet: von der normalen Sprachentwicklung über Familienbedingungen, verschiedene Kulturen bis hin zu Rückblicken mehrsprachiger Erwachsener auf ihre Kindheit. Dabei kommen Kinder, Eltern, Psychologen, Sprachforscher und Logopäden zu Wort.

Brandes & Apsel Verlag
Frankfurt a.M. 2000,
3. Auflage 2002

Michaela Dietenmeier,
Erna Steindlmüller-Werz
So lernt mein Kind richtig sprechen

Wie entwickelt sich Sprache? Wie kann ich feststellen, ob mein Kind sich „normal" entwickelt, was seine Sprachentwicklung anlangt? Wie kann ich auf spielerische Art und Weise Anregungen zur Sprachentwicklung geben? Die Beantwortung dieser und anderer Fragen steht im Mittelpunkt dieses Ratgebers, der in Zusammenarbeit mit dem Deutschen Bundesverband für Logopädie entstand.

Ravensburger Buchverlag
Ravensburg 2002

Eltern sein – Die ersten Jahre

Der Ratgeber für die junge Familie – von der BARMER und dem Mehr Zeit für Kinder e.V. – bereits in zweiter Auflage erschienen. Die Autoren – Sozialpädagogen, Erzieher und Ernährungsfachleute – kennen die Elternrolle. Sie geben in insgesamt 24 Kapiteln wie „Plötzlich zu dritt", „Bewegung für Eltern und Kind" sowie „Vom Säugling zur Persönlichkeit" wertvolle Tipps und Ratschläge. Außerdem viele Anregungen zu Ernährung, Körperpflege und Sicherheit im Haushalt. Auch die seit Januar 2001 geltende neue gesetzliche Regelung zur Elternzeit wird berücksichtigt.

Hrsg.: Mehr Zeit für Kinder e.V. und BARMER Ersatzkasse
ISBN: 3-614-53332-8
Preis: 9,20 Euro, 128 Seiten (inkl. MwSt., zzgl. 3,20 Euro Versandkosten). Erhältlich beim Mehr Zeit für Kinder e.V. und im Buchhandel.

Familien in Bewegung

In bewährter Kooperation haben der Verein Mehr Zeit für Kinder und die BARMER einen „bewegten" Ratgeber zur Förderung der kindlichen Motorik gestaltet. Unter dem Motto „Runter vom Sofa" enthält er viele Spielideen für drinnen und draußen, die Kinder und Eltern gemeinsam auf Trab bringen. Darüber hinaus zeigt das Buch Folgen mangelnder Bewegung für die Jüngsten auf und macht Vorschläge, wie Erwachsene die kindliche Umwelt bewegungsfreundlicher gestalten können.

Hrsg.: Mehr Zeit für Kinder e.V. und BARMER Ersatzkasse
ISBN: 3-614-53336-0
Preis: 9,20 Euro, 128 Seiten (inkl. MwSt., zzgl. 3,20 Euro Versandkosten). Erhältlich beim Mehr Zeit für Kinder e.V. und im Buchhandel.

Du schaffst das!

In insgesamt zehn Kapiteln geht es um die Entwicklung der Persönlichkeit und den Aufbau des Selbstbewusstseins, aber auch um den Rückhalt in der Familie und im Freundeskreis.
Die Ausprägung der Sinne und die Bedeutung des Spielens sind ebenso Thema wie der Umgang mit den neuen Medien und das richtige Lernen.

Hrsg.: Mehr Zeit für Kinder e.V. und BARMER Ersatzkasse
ISBN: 3-00-010447-X
Preis: 9,20 Euro, 128 Seiten (inkl. MwSt., zzgl. 3,20 Euro Versandkosten). Erhältlich beim Mehr Zeit für Kinder e.V. und im Buchhandel.